Forum Geschichte 15

Eine Schriftenreihe des Stadtmuseums zur Geschichte Bonns vom 18. bis 20. Jahrhundert

Bonn im 20. Jahrhundert

100 ausgewählte Objekte und Fotos

von
Horst-Pierre Bothien

Das Projekt erhielt freundliche Unterstützung von Privatleuten und Institutionen. Ihnen sei an dieser Stelle gedankt: Der Familie von Braunmühl, Herrn Kurt Delander, Herrn Bruno Hagedorn, Frau Ursula Schmidt und dem Ehepaar Thibault. Exponate erhielt ich auch von dem Archiv und den Botanischen Gärten der Universität Bonn, der Deutschen Bahn, dem Frauenmuseum, der Friedrich-Ebert-Stiftung, dem Garnisonsmuseum Mainz, dem Heimat- und Geschichtsverein Beuel am Rhein, dem Historischen Verein der Stadtwerke Bonn, dem Landesarchiv Münster, dem Museum Koenig, dem Poppelsdorfer Heimatmuseum, dem Städtischen Gebäudemanagement, dem Stadtarchiv Bonn, dem Stadtbrotbäcker (B. Rott), den Stadtwerken Bonn, der Universität und der Universitätsbibliothek Bonn.

Auch all denjenigen sei gedankt, die ihre Fotos zur Verfügung gestellt haben.

Für die kritische Durchsicht des Manuskripts danke ich Herrn Patrick Wilhelm.

Titelfoto siehe Seiten 8, 84, 124.
Rückseite siehe Seiten 9, 93, 115, 138.

Mit freundlicher Unterstützung von SWB Bus und Bahn.

© 2020 morisel Verlag, München
www.morisel.de | mail@morisel.de

Horst-Pierre Bothien
Bonn im 20. Jahrhundert – 100 ausgewählte Objekte und Fotos
ISBN: 978-3-943915-43-3

Die Deutsche Nationalbibliothek verzeichnet diese
Publikation in der Deutschen Nationalbibliografie;
detaillierte bibliografische Daten sind im Internet über http://dnb.de abrufbar.

Satz und Gestaltung: Harald Ott, Bonn
Druck: Interpress, Budapest

Inhalt

Prolog — 4

Vor dem Ersten Weltkrieg — 7

Erster Weltkrieg — 23

Weimarer Republik — 35

Nationalsozialistische Zeit und Zweiter Weltkrieg — 51

Direkte Nachkriegszeit — 83

1950er bis 1990er Jahre — 95

Das letzte Jahrzehnt — 133

Literaturhinweise — 140

Objektherkunft und Abbildungsverzeichnis — 143

Prolog
1984: „Der Jahrhundertschritt"

Der Historiker, der summarisch einen Blick auf die Geschichte des 20. Jahrhunderts im Rheinland wirft, müsste zunächst erschauern ob der Gewalt, die er zu dokumentieren hätte. Insbesondere in der ersten Hälfte des Jahrhunderts stolperten die Menschen von einem Krieg und von einer Krise zur anderen und litten schrecklich unter den Auswirkungen. Viele verloren aufgrund der politischen Ereignisse ihr Leben oder überlebten nur unter Mühsal und Pein. In der NS-Zeit verstieg sich der Staat sogar dahin, bewusst ganze Gruppen von Menschen zu ermorden oder sterben zu lassen. Zudem entfesselte er den Zweiten Weltkrieg. Erst mit Entstehung der Bundesrepublik Deutschland gelang es, Bedingungen zu schaffen, womit Kriege vermieden und Krisen begrenzt werden konnten – zumindest bis heute.

Natürlich spiegeln sich die wichtigen und entscheidenden Ereignisse deutscher Geschichte des 20. Jahrhunderts mit ihren Auswirkungen auch in Bonn wider. Nichtsdestotrotz gibt es besondere regionalgeschichtliche Ausformungen, die es wert sind, betont zu werden. Zudem stieß ich bei meinen langjährigen Forschungen und Präsentationen über das Bonn des 20. Jahrhunderts immer wieder auf besonders interessante und eindrückliche Objekte und Fotos, mit denen die Bonner Geschichte lebendig erzählt werden kann. Die Idee war geboren, anhand von 100 solcher Objekte und Fotos die Geschichte Bonns des 20. Jahrhunderts pointiert, aber auch selektiv einzufangen.

Dass mit dieser Methode nicht sämtliche Aspekte der Bonner Geschichte thematisiert werden, liegt auf der Hand. Mut zur Lücke war gefragt. Wichtiger war mir die Auswahl der Exponate und ihre für die Bonner Geschichte Einzigartigkeit, ihre besondere Aussagekraft oder mitunter ihre originelle Außergewöhnlichkeit. Dass das eine oder andere Exponat mich auch emotional berührte, soll nicht verschwiegen werden.

In den einzelnen Artikeln werden zunächst die Gegenstände bzw. Fotos kurz beschrieben, danach lokalgeschichtlich eingeordnet. Zwei Beispiele seien genannt: Mit dem „Nachlassbeutel" aus dem Jahre 1916 soll an das Schicksal von den mehreren Tausend Bonner Soldaten erinnert werden, die im Ersten Weltkrieg kämpften und fielen; mit dem Foto „Hofgarten und zerstörte Bonner Universität" wird der 18. Oktober 1944 angesprochen, der Tag, an dem die Bonner Innenstadt in Schutt und Asche fiel.

Ein kleiner Exkurs: Man kann das Stadtgebiet Bonn auch als eine Art Freilicht-Kunstmuseum betrachten: Hunderte von Statuen, Skulpturen oder Bildwerke stehen hier, die erinnern, nachdenklich machen oder einfach ästhetisch beeindrucken wollen. Etwa der „*Stein zum 10. Oktober*" (Ulrich Rückriem, vor dem Landesmuseum), der an die erste Friedensdemonstration 1981 erinnert, oder „*Ikarus 1993*" (Simon Benetton, vor der Oper), eine Sagengestalt, die die Natur und die Götter herausfordern wollte und scheiterte. Vielleicht sollten die Opernbesucher nachdenklich gemacht werden.

Ein Kunstobjekt von diesen könnte der folgenden regionalgeschichtlichen Tour d'Horizon quasi Pate gestanden haben: „*Der Jahrhundertschritt*" (1984) von Wolfgang Mattheuer. Mit dieser Skulptur wollte der Künstler die Zerrissenheit und die Gewalt des 20. Jahrhunderts ansprechen. Die vier Gliedmaßen der scheinbar „kopflosen" Figur ziehen in entgegensetzte Richtungen und scheinen sie zu sprengen. Der eine Arm zeigt die proletarische Faust, der andere den Hitlergruß. Das weiße Bein mit nacktem Fuß scheint voranzueilen, während das andere in einem Militärstiefel steckende uniformierte Bein hinterherhinkt und den Fortschritt hemmt. Die Skulptur ringt um Balance.

Der in Leipzig wirkende Künstler hatte sicherlich die deutsche Geschichte des 20. Jahrhunderts im Blick, die durch Kriege und Gewalt, durch Ideologien und Diktaturen geprägt war. Kann ein Jahrhundertschritt heraus zu Besserem trotz erlittener Geschichte gelingen?

„*Der Jahrhundertschritt*" steht seit 1994 vor dem Haus der Geschichte, sicherlich der passende Ort, über deutsche Geschichte des 20. Jahrhunderts nachzudenken.

weiterführende Literatur 1

Für interessierte Leserinnen und Leser weise ich auf die im Anhang genannte weiterführende Literatur hin.

Vor dem Ersten Weltkrieg

1898-1945:   Die Bonner Brückenlöwen
1900:   Soennecken-Ordner
um 1900:   Postkarten Poppelsdorfer Allee und Alter Zoll
1902:   Der Gänse- oder Martinsbrunnen
1904:   Bekanntmachung über die Eingemeindungen
1906:   Einweihung des Kaiser-Wilhelm-Denkmals
1913:   Baumscheibe einer Clemens-August-Buche
1914:   Letzte Fahrt des Bonner Trajekts

1898-1945: Die Bonner Brückenlöwen

Zu Beginn unserer Reise durch das Bonner 20. Jahrhundert sollen zwei massive Löwen-Figuren stehen. Die beiden, etwa 130 bis 140 cm hohen und 30 cm dicken Holztiere waren jahrzehntelang dem Wetter ausgesetzt und wurden vor kurzem unterschiedlich intensiv restauriert, was zu ihrem grauen und braunen Farbton führte.

Mit Eröffnung der ersten Bonner Rheinbrücke schmückten die Löwen-Figuren ein Wächter- und Einnehmerhäuschen (Zollhaus) auf der Bonner Seite und gehören zu dem wenigen, was von dieser, 1945 von deutschen Soldaten gesprengten Brücke übrigblieb, einem Bauwerk, das wie kaum ein anderes die Zeitläufte der ersten Hälfte des Jahrhunderts „miterlebte". Aus wirtschaftlicher und verkehrspolitischer Notwendigkeit entstanden, wurde es mit der Einweihung 1898 mehr als ein funktionaler Verkehrsweg, sondern ein Kunstwerk, ein Wahrzeichen und ein Tourismusmagnet. Die Brücke faszinierte die Zeitgenossen in zweierlei Hinsicht: Zum einen beeindruckte der wuchtige neoromanische Bau mit seinen drei Bögen – die Spannweite des mittleren Bogens belief sich auf fast 188 m. Dabei lag die Brücke eingebettet vor der romantischen Kulisse des Siebengebirges. Zum andern war die Brücke – und das

deuten die Löwen-Figuren an – reich bestückt mit Holz-, Stein- und Metallschmuck.

Darüber hinaus überbrückte das Bauwerk den Rhein, der gerade in der ersten Hälfte des Jahrhunderts immer wieder in den politischen Fokus geriet. Und so rückte die Brücke nicht nur faktisch bei wichtigen politischen Ereignissen, sondern auch in der politischen Propaganda in den Mittelpunkt. Fotos entstanden, die Symbolkraft ausstrahlen, und mit Ansichten der Brücke wurde politisch Propaganda betrieben (s. S. 60).

weiterführende Literatur 39

1900: Soennecken-Ordner

„Ordnung ist das halbe Leben". Unter diesem Motto arbeitete sich die Fa. Soennecken in Poppelsdorf zu einer weltumspannenden Büroausstattungsfirma hoch Und hierfür stehen der Locher und der Ordner. Ordnerwände, wie im Foto, „schmückten" so manche Büros. 1900 feierte die Firma ihr 25-jähriges Bestehen.

Es gibt nur wenige Bonner Firmen, die einen weltweiten Bekanntheitsgrad erreicht haben. Zu diesen wird man sicherlich die Schreibwaren- und Büromöbelfabrik F. Soennecken zählen dürfen, die knapp 100 Jahre als großer Arbeitgeber das wirtschaftliche Geschehen in Bonn mitbestimmte. Friedrich Soennecken (1848-1919) hatte sich schon früh mit Schriftzeichen befasst und eine neue Zierschrift mit entsprechenden Zeichenfedern entwickelt.

1876 zog Soennecken nach Bonn und baute nach und nach eine eigene Produktionsstätte für Schreibfedern in Poppelsdorf auf. Und schon bald vergrößerte sich die Produktpalette: Federhalter, Kopierpressen, Tintenfässer, Briefordner, Locher, Füllfederhalter. Sein Betrieb expandierte kontinuierlich, der riesige Firmenkomplex zwischen Kirschallee und Jagdweg vergrößerte sich stetig. Später kam dann

Werbefahrzeug der Firma Soennecken vor dem Bonner Bahnhof, 1950er Jahre.

für die Büromöbelproduktion der in Bonn-West neu gebaute Fabrikkomplex „Soenneckenfeld" hinzu. Soenneckens Bürowelt wurde zu einem Markenbegriff. Die Firma Soennecken exportierte in die ganze Welt und blieb jahrzehntelang innovativ, wobei man viel Gewicht auf die Qualität der Produkte legte – der Schriftzug „SOENNECKEN" auf fast allen Produkten sollte dies gewährleisten. Insbesondere vor dem Ersten Weltkrieg und in den 1920er und 1930er Jahren führte die Firma die Büromittelbranche an. Auch nach dem Zweiten Weltkrieg konnte sich die Firma wieder erholen, verlor aber dann in den 1960er Jahren den Anschluss und musste schließen.

um 1900: Postkarten Poppelsdorfer Allee und Alter Zoll

Die beiden Postkarten aus dem frühen 20. Jahrhundert stehen für das schöne und Tourismus anziehende Bonn. Mit den Karten scheint man in das wohlsituierte und begüterte Bürgertum mit seinen Studenten, Professoren und Offizieren einzutauchen.

Die Poppelsdorfer Allee wurde Mitte des 18. Jahrhunderts durch die kurfürstlichen Gärtner angelegt, nach den Wünschen des Kurfürsten Clemens August. Sie sollte eine Sichtachsenverbindung vom Residenzschloss (Universität) hinüber zum Erholungsschloss Clemensruh (Poppelsdorfer Schloß) und noch weiter bis zur Kreuzbergkirche erzeugen. Aber die Allee, die auf beiden Seiten mit zwei Baumreihen von Kastanien begrenzt wird, war weit mehr: Machtfülle sollte demonstriert und dem Hof Gelegenheit gegeben werden, unter den schattenspendenden Bäumen zu wandeln

Vor dem Ersten Weltkrieg

und Nachrichten auszutauschen. Noch heute imponieren die wuchtigen Kastanien, besonders im Frühjahr, wenn sie rot oder weiß blühen. Sie begründeten im Übrigen den Ruf Bonns als Kastanienstadt, was später die Firma Haribo auf die Idee brachte, eine Tauschaktion für Kinder ins Leben zu rufen: Kastanien gegen Gummibärchen.

Auch der Alte Zoll mit seinen Kanonen und dem Ernst-Moritz-Arndt-Denkmal ist seit dem 19. Jahrhundert ein Touristen-Magnet. Die Kanonen sind lediglich Dekoration und haben mit dem Ort nichts zu tun. Dass das Arndt-Denkmal hier platziert wurde, hat wohl mit seiner engen Beziehung zum Rhein zu tun. Arndt lebte lange Zeit in einer Villa am Rhein, und vom ihm stammte die berühmte Schrift: *„Der Rhein – Deutschlands Strom, nicht Deutschland Grenze."* Aber die Touristen kamen auf den Alten Zoll sicherlich vor allem wegen der schönen Aussicht: den Rhein entlang bis hin zum Siebengebirge. Zum Zeitpunkt der Herstellung der Postkarte begeisterte auch die erst vor kurzem eingeweihte neue Rheinbrücke (s. S. 9).

1902: Der Gänse- oder Martinsbrunnen

Der Gänse- oder Martinsbrunnen ist wohl Bonns beliebtester Brunnen: Er steht in der Sürst – neben dem Münster. In der Mitte eines etwa fünf Meter im Querschnitt messenden Beckens befindet sich eine Säule, auf der ein 1,50 m großer Junge mit einer Laterne steht. Er versucht, eine Gans einzufangen. Unterhalb dieser Figur erkennt man eine Schale, auf der zwei Knaben und ein Mädchen ebenfalls damit beschäftigt sind, Gänse einzufangen. Das Ensemble wirkt durch die Art der Darstellung äußerst lebendig.

Die Idee für diesen Brunnen hatte der Berliner Bildhauer Heinrich Götschmann, der 1901 einen Wettbewerb der Stadt gewann. Er hatte sich Gedanken zum Brunnen gemacht und erfahren, dass die Kirche, neben der der Brunnen aufgestellt werden sollte, dem heiligen Martin geweiht ist. Dieser wird in Bonn sehr verehrt, was sich in einem ausgeprägten Brauchtum äußert. Dabei spielen auch Gänse eine Rolle. So soll der bescheidene Martin, um nicht Bischof von Tours zu werden, sich in einem Gänsestall versteckt haben. Das Geschnatter der Gänse aber verriet ihn, so dass er nun doch gewählt werden konnte. Der heutige Brauch, zu St. Martin (11.11.) ein Festschmaus mit Gans, Äpfeln und Zwiebeln zu essen, hat mit dieser Überlieferung zu tun. Und noch etwas anderes spricht der Brunnen an, denn nicht umsonst konnte die Laterne in der Hand des Jungen beleuchtet werden: Sie sollte an den insbesondere bei Kindern beliebten Brauch der Martinsumzüge und des „Schnörzens" erinnern.

Der Brunnen blieb bis 1942 an seinem Platz. Dann wurde Metall für Kriegszwecke benötigt. Die Figuren wurden eingeschmolzen, der Brunnen demontiert. Aber man war vorausschauend und nahm von den Figuren Gipsabdrücke. Auf jeden Fall dauerte es nicht lange und die Bonnerinnen und Bonner forderten ihren beliebten Martinsbrunnen zurück. Spendenaktionen brachten das nötige Geld, die Bildhauerin Ingeborg vom Rath wurde gewonnen, die Figuren zu rekonstruieren. An St. Martin 1958 konnte der Brunnen in leicht veränderte Form vom damaligen „St. Martin" eingeweiht werden.

1904: Bekanntmachung über die Eingemeindungen

Am 10. Juni 1904 druckte der General-Anzeiger eine Bekanntmachung des Oberbürgermeisters Spiritus ab, die besagt, dass die Landgemeinden Poppelsdorf, Kessenich, Endenich und Dottendorf aus dem Landkreis Bonn genommen und der Stadt Bonn angegliedert wurden. Am Vortag hatte man dem Oberbürgermeister im Poppelsdorfer Rathaus offiziell die Amtssiegel der Landgemeinden übergeben.

Es war Bonns erste größere Eingemeindung und aus Sicht der Stadt notwendig, weil eine wirtschaftliche Entwicklungsmöglichkeit nach Westen und Süden nicht mehr gegeben war. Aus der Sicht der angeschlossenen Landgemeinden hatte es den Vorteil, dass die Stadt Bonn Verpflichtungen übernahm, verschiedene Infrastrukturmaßnahmen der wenig entwickelten Gemeinden zu übernehmen. Die Stadt Bonn war damit plötzlich doppelt so groß geworden.

1906: Einweihung des Kaiser-Wilhelm-Denkmals

Am 15. Oktober wurde am Kaiserplatz in Anwesenheit des Kaisers Wilhelm II. das Denkmal für seinen Großvater Kaiser Wilhelm I. eingeweiht. Dies war ein weiterer Ausdruck der besonderen Beziehungen der Stadt Bonn zum Haus Hohenzollern.

Eine erste Verbindung entstand, als der spätere preußische König Wilhelm I. bzw. seit 1871 Kaiser Wilhelm I. Regimentschef der in Bonn stationierten Husaren wurde, das Regiment trug zusätzlich seinen Namen. Der König besuchte in dieser Eigenschaft mehrmals die Stadt. 1874 wurde der Kaiserplatz nach ihm benannt. In dem Ende des 19. Jahrhunderts entstandenen Kaiser-Wilhelm-Park auf dem Venusberg wurde anlässlich seines 100. Geburtstags ein erstes Denkmal ihm zu Ehren errichtet. Zusätzlich studierten sein Enkel Kronprinz Wilhelm (später Kaiser Wilhelm II.) und dessen Sohn Prinz Eitel Friedrich an der Bonner Universität. Auch wohnte die Enkelin Viktoria mit ihrem Gemahl in Bonn.

Bei der Einweihung 1906 war die Bonner Bürgerschaft begeistert. Wilhelm der Große genoss großes Ansehen und stand für eine „große und glorreiche Zeit nach der Reichsgründung von 1871." Als Deutschland 1918 demokratisch wurde, kam Kritik am Denkmal auf. Im Mai 1920 besudelten vier junge Männer das Denkmal mit roter Farbe. Sie meinten, im Zeitalter einer Republik seien derartige Denkmäler nicht mehr erforderlich und unzeitgemäß. Andere drückten ihren Protest gegen die britische oder französische Besatzung aus, indem sie Kränze am Denkmal ablegten. Eine Diskussion über Sinn oder Unsinn des Denkmals entstand. Es blieb aber, wo es war, und diente später nicht nur den Nationalsozialisten als Kulisse gewaltiger Aufmärsche. Bei Kriegsende wurde das Denkmal beschossen, der marmorne Wilhelm I. verschwand auf einen städtischen Bauhof. Niemand schien an einer Wiederaufstellung des Denkmals interessiert, und so wurde 1952 der Denkmalsockel durch Bauarbeiter entfernt. Erst in den 1980er Jahre keimte die Diskussion um Restaurierung und Wiederaufstellung des Denkmals auf. Als sich dann ein Hotelier bereit erklärte, die Statue vor seinem neuen Hotel am südlichen Kaiserplatz aufzustellen und auch die Kosten zu übernehmen, bekamen 1989 die Bonnerinnen und Bonner „ihren alten Kaiser Wilhelm" zurück.

1913: Baumscheibe einer Clemens-August-Buche

Die Baumscheibe einer Clemens-August-Buche stammt aus dem Botanischen Garten und ist ein Überrest zweier, etwa 200-jähriger, 30 m hoher Bäume; einen von ihnen raffte 2007 der Sturm Kyrill dahin, die andere wurde daraufhin aus Sicherheitsgründen gefällt. Schon früh wurden sie nach dem Kurfürsten Clemens August benannt, weil man annahm, dass sie zur kurfürstlichen Zeit gepflanzt worden waren.

Vor dem Hintergrund der beginnenden Naturdenkmalbewegung Ende des 19./ Anfang des 20. Jahrhunderts begann man auch in Bonn, sich um besonders erhaltenswerte Bäume zu kümmern. Naturdenkmallisten wurden erstellt.

Besonders verdienstvoll in diesem Zusammenhang ist dabei die Arbeit des Rendanten der landwirtschaftlichen Hochschule in Poppelsdorf, Paul Seehaus, der Bonner Bäume zu seinem Hobby machte. Schon 1913 stellte er eine erste Liste besonderer Bäume zusammen und ließ sie fotografieren. Eine eindrückliche Fotodokumentation, die er später noch ergänzte, entstand.

Von den etwa 40 Bäumen und Baumensembles, die Seehaus fotografisch festhielt, leben die meisten nicht mehr: die wundersame „Stelzen-Akazie" im Tannenbusch etwa, die eigentlich eine Robinie war. Der Wind hatte die Wurzeln so sehr freigelegt, dass eine Person sich im Wurzelwerk verstecken konnte. Oder der eindrückliche Ulmenbestand im Hofgarten; die Ulmenkrankheit und Bombenabwürfe im Zweiten Weltkrieg vernichteten ihn. Oder die „Dicke Eiche" auf dem Venusberg, die bis 2010 mit über 300 Jahren wohl der älteste Bonner Baum war; sie brach unter plötzlich aufkommendem Eisregen zusammen. Mit Resten von ihr gestaltete der Künstler Klaus Simon die Prinzipalien der Herz-Jesu-Kirche.

Nichtdestotrotz leben auch noch Bäume, die Seehaus als besonders empfand: zum Beispiel einige Platanen vor der Universität, die eindrucksvolle Esskastanie im Baumschulwäldchen oder die zwei Platanen auf dem Alten Friedhof.

weiterführende Literatur 24

1914: Letzte Fahrt des Bonner Trajekts

Das Bild eines Heimatmalers zeigt in romantisierender Weise die letzte Überfahrt des Trajekts über den Rhein von der Gronau bis nach Oberkassel. Es war ein Kuriosum und – wirtschaftlich gesehen seit die Fahrten 1870 begannen – eine Totgeburt.

Wenn man sich das heutige Gebäude des Hauptbahnhofs von außen ansieht, so erkennt man am Rand oben verschiedene Ortsbezeichnungen – die nächsten Haltestellen nach Süden und Norden. Auch Königswinter ist genannt, obwohl Bonn nie eine Eisenbahnbrücke hatte, aber eben das Trajekt. Es verband die linksrheinischen Gleise mit denen auf der rechten Seite, insbesondere nach Neuwied hin. Aber schon bald nach Inbetriebnahme sorgte der Ausbau der rechtsrheinischen Bahnstrecke dafür, dass über Siegburg oder Köln wesentlich schnel-

ler transportiert werden konnte. Das Trajekt hatte bald nur noch lokale Bedeutung.

Zwar nutzten Industriebetriebe weiterhin die Transportmöglichkeiten, aber die Defizite stiegen, nur eine Verstaatlichung rettete den Betrieb. Hinzu kam die Störung des Betriebsablaufs durch Hochwasser und den regen Schiffsverkehr. Mit dem Bau der Bonner Rheinbrücke 1898 verlor das Trajekt weitere Kundschaft. Am 23. August 1914 wurde der Betrieb eingestellt.

Erster Weltkrieg

1914: „Die Wacht am Rhein 1914"
1914: Die Feuertaufe in Porcheresse
1916: Der Nachlassbeutel von Konrad Dasbach
1918: Reste einer britischen Fliegerbombe
1914-1918: Das Kriegstagebuch des Hubert Grouven
1914-1918: Das Tagebuch der Anna Kohns

1914: „Die Wacht am Rhein 1914"

Direkt mit Kriegsausbruch besetzte eine Kompagnie Bonner Soldaten mit einem Maschinengewehr-Zug die Bonner Rheinbrücke. Man befürchtete feindliche Fliegerangriffe oder Attentate von Spionen. Mit der beliebten Liedzeile „Die Wacht am Rhein" zeigte man sich gerüstet vor eventuellen Vorstößen der westlichen Feindesarmeen.

In der Garnison Bonn waren insbesondere zwei größerer Truppenteile des VIII. Armee-Korps stationiert: Das Husaren-Regiment König Wilhelm I. Nr. 7 (auch das 1. Rheinische genannt) mit etwa 800 Mann und das II. Bataillon des Infanterie-Regiments Nr. 160 mit etwa 900 Mann.

Die Stimmung beim Mobilisierungsbefehl war gespannt, die Zeitzeugin Adele Röhl sah beim Abschied einer Husareneinheit lachende und traurige Gesichter:

„Nach langem Warten kam endlich etwas auf der Brücke zum Vorschein: 2 Autos mit Offizieren, dann die ersten langen Wagen mit Ladung; alles voll Stroh zum Einlegen in die Wagen für die Pferde. Vorne ein paar Soldaten. Nun gabs ein

Abzug des Infanterie-Regiments 160 aus der Ermekeilkaserne.

Hallo- und Hurrarufen. Dann kamen die ersten Pferde. ‚Auf Wiedersehen! Tüchtig drauf! Immer feste drauf! Kommt glücklich zurück! Hurra!', so schrien wir. Doch wie verschieden waren die Reiter! Einzelne ritten gesenkten Hauptes, die Lanze nach vorn gestreckt, bleichen, blassen Gesichtes daher; so sahen besonders die Offiziere aus. Aus Bonn fortgehen in Nacht und Nebel, das ist nicht leicht! Sie riefen wohl auch mit, aber mancher mit zuckenden Lippen: ‚Wir kommen doch nicht wieder!' ... Aber es waren auch lustige Gesellen dabei, die riefen: ‚Hurra! Hurra! Hurra', aus Leibeskräften. ... Traurig war jedoch der Anblick der Frauen und Männer, die neben den Husaren hergingen, ihnen das letzte Geleit zu geben. Einmal schrie ein junges Mädchen laut auf und wollte ihren Husaren umfassen, aber da bäumte sich sein Pferd hoch auf und galoppierte elegant weiter. Wir ließen sie alle an uns vorbeiziehen, unsere tapferen Bonner Husaren, auch uns zog sich das Herz zusammen vor Weh und manche Träne rollte hernieder."

Glaubt man der Regimentsgeschichte der 160er, so herrschte in der Bonner Ermekeilkaserne ab dem 2. August 1914 fieberhaftes Treiben.

Nicht nur wurde die reguläre Truppe des II. Bataillons eingekleidet und ausgerüstet, sondern aus dem ganzen Umland strömten Reservisten und Kriegsfreiwillige herbei. Ein zusätzliches Ersatzbataillon wurde aufgestellt: „Im Zivilanzug zunächst, teilweise mit roten Armbinden bewaffnet, häufiger noch ohne solche, vom Kasernenhof in den Mobilmachungstagen meist auf die Nachbarstraßen verwiesen, erlernten die jungen Soldaten die Anfangsgründe militärischen Wesens" (Regimentsgeschichte).

weiterführende Literatur 2

1914: Die Feuertaufe in Porcheresse

Das Foto zeigt eine marschierende Einheit des Bonner Infanterie-Regiments 160, erkennbar an der roten Nummer auf dem Stoffüberzug des Helmes. Das II. Bataillon des Regiments war in der Ermekeil-Kaserne stationiert.

Am 8. August gegen 8.30 Uhr bestieg es mit einer Maschinengewehr-Kompanie, dem Regimentsstab und dem Brigadestab unter besonderem Jubel der Bürgerschaft den Zug in Richtung Koblenz, Trier und Luxemburg. Am 18. August sammelte sich das Regiment nördlich der Sauer, um am folgenden Tage die belgische Grenze zu überqueren. Am 21. August ging es – auch in Erwartung, auf französische Truppen zu stoßen – weiter nach Süden in Richtung französischer Grenze. Bis-

Totenzettel für die getöteten Zivilisten von Porcheresse.

her gab es keine Feindberührung, bis man am 22. August an die kleine Ortschaft Pocheresse gelangte.

Das Gefecht, das sich hier nunmehr entwickelte, steht stellvertretend für die vielen größeren und kleineren Gefechte und Scharmützel in Südbelgien und den angrenzenden französischen Gebieten in der Frühphase des Kriegs. Den ins neutrale Belgien stürmenden deutschen Truppen standen französische Einheiten gegenüber, die den beginnenden Krieg und die Front möglichst außerhalb Frankreichs halten wollten. Zwischen den verfeindeten Truppen saß die Bevölkerung, die sich einer eskalierenden Kriegssituation gegenübersah. Für die deutsche Seite war die Zivilbevölkerung ein Störfaktor, und man ging davon aus, dass weite Teile von ihr nicht nur mit den Franzosen sympathisierten, sondern sich auch aktiv – als „Franktireurs" – den Deutschen widersetzen würden. Dies war ein Grund dafür, dass die deutschen Truppen schon bei geringsten Anlässen massiv gegen den wirklichen oder vermeintlichen zivilen Widerstand vorgingen. Dabei kam es zu zahlreichen Kriegsverbrechen, die von willkürlichen Erschießungen über die Benutzung von Zivilisten als Schutzschilde bis hin zu Vertreibungen und Deportationen reichten. Zahlreiche Ortschaften wurden zerstört oder niedergebrannt.

Dieses Schicksal traf nun auch Porcheresse, das kleine Holzschuhmacherdorf in den Ardennen mit damals knapp 500 Einwohnern. Das Bonner Bataillon stieß auf französische Truppen, es entwickelten sich heftige Schusswechsel. In dem Durcheinander, was entstand, konnte niemand mit Bestimmtheit sagen, wer auf wen schoss, es soll auch deutsche Selbstbeschießungen gegeben haben. Die Folge war, dass die deutschen Truppen mit Brutalität sich von Haus zu Haus kämpften, wobei auch Zivilisten starben. Die Kirche und andere größere Gebäude gingen in Flammen auf, 75 Familien verloren ihre Unterkunft, auch Tiere kamen in den Flammen um.

Während in der offiziellen Regimentsgeschichte die Zerstörung des Dorfes als gerechtfertigt beschrieben wird, da man sich gegen französische Soldaten und Zivilisten, die die Franzosen unterstützten, wehren musste, beschreibt ein Bericht des dortigen Pfarrers das Auftreten der deutschen Soldaten als äußerst brutal. Noch heute wird im Dorf jährlich an die schrecklichen Vorkommnisse des 22./ 23. August 1914 erinnert. Im kollektiven Gedächtnis der Dorfbewohner steht fest, dass Zivilisten ermordet und vorsätzlich Brände gelegt wurden.

weiterführende Literatur 3

1916: Der Nachlassbeutel von Konrad Dasbach

Der etwa 24 x 16 cm große Stoffbeutel erreichte per Feldposteinschreiben die Witwe Eva Dasbach wahrscheinlich im Oktober 1916. Er enthielt persönliche Gegenstände des am 9. September 1916 an der Somme gefallenen Bonner Infanteristen Konrad Dasbach. Möglicherweise lag auch die offizielle Todesbenachrichtigung bei, die üblicherweise von dem direkten Vorgesetzten, etwa dem Kompanieführer, formuliert war. Im Falle Dasbachs teilte zusätzlich ein Kamerad der Witwe in einem Brief Näheres über seinen Tod mit.

Der Nachlassbeutel erinnert daran, dass etwa 24.000 Soldaten aus Bonn (heutiges Stadtgebiet) an den verschiedenen Fronten, vor allem in Frankreich, aber auch im Osten kämpfen mussten. Hiervon fielen etwa 3.200. Wenn auch zumeist der Todesort bekannt ist, fehlt vielfach ein Grab. Auch der Name Konrad Dasbachs taucht in den Listen der riesigen Soldatenfriedhöfe an der Somme nicht auf.

weiterführende Literatur 3

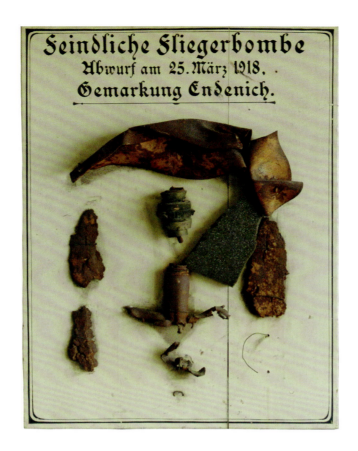

1918: Reste einer britischen Fliegerbombe

Auf einem etwa 62 x 48 cm großen Brett sind Reste einer Fliegerbombe angebracht, die ein britischer Bomber am 25. März 1918 nachts über Endenich abgeworfen hatte. Die Bombe richtete keinen großen Schaden an, und man wird sie als Notabwurf bezeichnen können, um Gewicht zu reduzieren oder sich für die heimatliche Landung der scharfen Munition zu entledigen. Das eigentliche Ziel der Bomber war Köln gewesen, wo zehn Bomben abgeworfen wurden.

Trotzdem stellte man das Brett her und beschriftete es; man wird vermuten dürfen, dass es als Gedenk- oder Mahntafel überliefert werden sollte, denn es war das erste Mal in diesem Krieg, dass eine Bombe auf Bonn fiel.

In den nächsten Monaten kam es immer wieder zu Fliegeralarm, ohne dass Bomben fielen – bis zum 31. Oktober 1918. An diesem Tage ließen britische Bomber mindestens acht Bomben auf die Bonner Innenstadt fallen. Sie verursachen erheblichen Sachschaden, Verletzte und Tote. Da einige noch an den Folgen ihrer Verletzungen starben, zählte man insgesamt 30 Opfer des Fliegerangriffs.

weiterführende Literatur 5

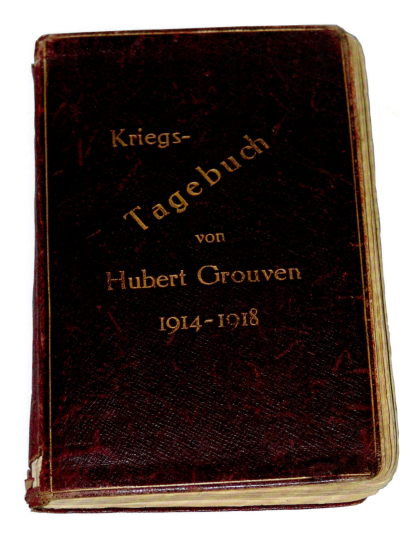

1914-1918: Das Kriegstagebuch des Hubert Grouven

Ein weiteres eindrucksvolles Objekt für den Ersten Weltkrieg liegt in Form eines 14 x 20 cm großen, etwa hundert Seiten dicken, beidseitig eng beschriebenen Tagebuchs vor. Grouven führte es minutiös den ganzen Krieg über – vom ersten (1. 8. 1914) bis zum letzten Tag (9. 11. 1918). Nach dem Krieg fertigte er von den vier Originalnotizbüchern eine Abschrift und illustrierte diese durch Fotos, Zeichnungen, Karten und Briefe und fasste alles zum vorliegenden Buch zusammen.

Über Hubert Grouven (1888-1959) wissen wir nicht viel. Er stammte aus Leipzig, wohin er nach dem Krieg auch wieder zurückkehrte und ein Milchgeschäft führte. Er hatte Verwandte im Rheinland, woraufhin er Mitte der 1930er Jahre nach Sechtem kam. Von dort zog er Ende der 1930er Jahre nach Bonn und starb hier am 8. März 1959.

Das Tagebuch beginnt am 1. August 1914 mit der Beschreibung der gespannten Stimmung in Leipzig. Am 6. August musste sich Grouven stellen, wurde eingekleidet und ausgerüstet. Es folgte ein mehrtägiger Kasernendienst, bis er dann am 12. August endgültig von Frau und Kind Abschied nahm. Mit *„180 Patronen je Mann, Gewehr u. eis[ernen] Portionen"* begann seine Fahrt mit der Bahn in die Eifel; am 15. August ging es von Wittlich über St. Vith (damals deutsch) nach Belgien hinein.

Ein Ausschnitt aus dem Tagebuch von April 1918 – er lag damals bei Peronne – soll einen Eindruck von seinen Notizen geben:

„6. [April] ... Verwüstetes Gelände, nichts Ganzes, kein Dorf, kein Wald – kein Feld – alle Brücken gesprengt; eine traurige Gegend! ... Peronne nur ein Steinhaufen. Straßen aufgeräumt, da s. Zt. engl. Etappengebiet. Um Peronne wurde 1917 schwer gekämpft. Marsch über Foucaucourt (hier abgekocht). Kampfgelände besät von Ausrüstungsgegenständen, toten Engländern. Die Spuren uns[eres] Vormarsches, dazu die Spuren von den Sommekämpfen 1916/17. – Das ganze Gelände 10–15 km weit, alte Gräben, Granattrichter an Trichter, Baumstümpfe, Munitionslager – alte Unterstände – alte Artilleriestellungen; dazwischen hier u. da mehrere Tanks [erste Panzerfahrzeuge] usw. usw. zerstörte Telegrafenleitungen – neue von uns eben errichtet daneben."

Wenig später wurde er schwer verwundet:

„In mehreren Linien im Laufschritt stürmten die Kolonnen. – feindl. Maschinengewehre – ein Dutzend – rattern uns entgegen, am Friedhof der erste Kampf – Handgranaten krachen. ... Tote – Verwundete fallen hinter dem Friedhof bei den ersten Häusern; erhalte ich schweren Schlag von rechts ... verwundet flog ich hin, sprang wieder auf – mein rechter Unterarm durchschossen, Geschoss schlug in die Hüfte, das Blut lief am Ärmel heraus über die wie gelähmt hängende Hand zur Erde – Sanitäter verband mich – abgeschnallt; Sturmgepäck + Koppel herunter u. nun zurück! ... Lief noch ein Stück – Granaten krachten um mich, ich bekam noch einen kl. Splitter in den rechten Oberschenkel! Jetzt konnte ich nicht mehr, blieb hinter einer Anhöhe liegen ... ."

Grouven wurde im August 1918 nach über vier Monaten wieder aus dem Lazarett entlassen. Seine ganz persönliche Bilanz des Kriegs lautete: Er war sechs Mal neu eingekleidet an die Front geschickt worden, hatte dort vier Verwundungen erhalten, davon eine mit bleibenden Schäden, und verbrachte allein sieben Monate in verschiedenen Lazaretten.

Während seiner Zeit an der Front und im Lazarett versandte und empfing Grouven in 690 Tagen – also 23 Monaten – insgesamt 2.074 Postkarten, Briefe und Pakete, über die er penibel Buch führte. Er hatte fünf Länder passiert, gegen Belgier, Franzosen, Schotten, Engländer, Russen und Amerikaner und an der Seite von Österreichern und Türken gekämpft. Nach über vier Jahren, in denen er allein durch Truppenverlegungen etwa 16.000 Kilometer mit der Bahn quer durch Europa gefahren war, endete seine „Kriegsreise" mit dem Waffenstillstandsvertrag im Wald von Compiègne am 11. November 1918.

weiterführende Literatur 3

1. August 1914.

Krieg!!!

Wie ist es möglich, u. doch ist es wahr. Wer hätte je daran gedacht. Alles ist verändert. die Stadt Bonn ist nicht mehr zu erkennen, sonst vornehme Ruhe u. Frieden, u. jetzt? Krieg! Ein einfaches Wort u. doch so inhaltsschwer! Wer hätte vor 8 Tagen, wenn mein Kommerschsch gesungen wurde, solches gedacht! doch es ist nicht anders. Überall wohin man blickt feldgraue Uniform. Hoffentlich kommen alle bald zurück. Am Bahnhof, kommt Zug für Zug, alle 10 Minuten, mit Militär, u. die Begeisterung dabei! Wie viele von diesen mögen gesund nach Hause kommen?

1914-1918: Das Tagebuch der Anna Kohns

Im Jahre 1977 wurde auf einer Müllkippe im Essener Stadthafen zufällig das Tagebuch der Anna Kohns aus Poppelsdorf gefunden. Es sieht unscheinbar aus, ist 12 cm x 17 cm groß und beinhaltet etwa 80 beidseitig beschriebene Blätter.

Die Tagebucheintragungen beginnen am 1. August 1914 mit dem Ausbruch des Krieges, werden häufig unterbrochen und enden am 20. Januar 1920 mit dem Einmarsch französischer Truppen in Bonn.

Anna Kohns Notizen beschäftigen sich nicht so sehr mit dem Kriegsverlauf, der so ungeheures Leid brachte. Vielmehr geben ihre Gedanken, Beobachtungen und politischen Einschätzungen sowie Feststellungen zur wirtschaftlichen Notlage einen tiefen Einblick in den Kriegsalltag Bonns, insbesondere in das Leben der Frauen, Kinder und älteren Menschen. Auch die wechselnden Stimmungslagen in der Bevölkerung werden deutlich.

Zunächst beobachtete Anna Kohns am Kriegsbeginn eine Euphorie, die jedoch bald in eine vorsichtige Skepsis umschlug. Nach und nach erlebte sie dann die massiven Einschränkungen des Alltags: Feierverbote, Lebensmittelrationierungen, Erlasse und Verordnungen. Verwandte werden eingezogen, kämpften an der Front, ihr Bruder und andere Bekannte fielen. Im extrem kalten Hungerwinter 1916/ 1917 schrieb sie über ihre existenzielle Not. Sehnsüchtig erhoffte sie nunmehr das Kriegsende.

Einen Ausschnitt vom 10. Februar 1917: *„Jetzt haben wir seit 4 Wochen bitterste Kälte, ohne aufzuhören. Im geschlossenen Hofraum sind jeden Morgen 14-16 Grad Kälte. Es ist zum Verzweifeln und dann sind keine Kohlen und Briketts zu haben. Die Königlichen Gebäude, Theater, Viktoriabad und sämtliche Schulen sind für 2-4 Wochen geschlossen, weil nicht geheizt werden kann. ... Wir müssen die Briketts selbst holen und bekommen die Woche nur 1 Zentner. Das hat noch gefehlt, um das Elend, was herrscht, vollkommen zu machen. Die Leute haben nichts zu essen und dann die bittere Kälte. ... Wir essen jetzt Steckrüben oder Knollen und alle essen diese und sind zufrieden, dass etwas da ist, womit der Hunger gestillt werden kann. Wer hat das jemals gedacht. Aber unser Volk ist sehr geduldig, anders kann man es nicht sagen. In Friedenszeiten hat man die Dinger dem*

Anna Kohns mit Eltern, um 1920.

Vieh gefüttert, heute sind die Städter froh, dass sie welche zu essen haben."

weiterführende Literatur 4 und 34

Weimarer Republik

1918: Rückzug deutscher Soldaten über den Rhein
1918/ 1919: Promotions-Album – 100 Jahre Bonner Universität
1918-1920: Die britische Besatzungszeit
1920-1926: Eine Trikolore – Die französische Besatzungszeit
1918-1926: Zwei Ausweiskarten
1920-1926: Eine französische Postkarte „La Garde au Rhin"
1922: Pharus-Stadtplan
1923: Geldscheine der Hyperinflation
1923: Eine Separatisten-Fahne
1925: Modell des Poppelsdorfer Schlosses
1926: Der Staatsbesuch von Reichspräsident von Hindenburg
1930: Beschlagnahmte Waffen – Der „blutige Sonntag"

1918: Rückzug deutscher Soldaten über den Rhein

Was im Waffenstillstandsabkommen festgelegt wurde, war eine Sache. Dass, was man sah, eine andere. Drastischer konnte wohl nicht vorgeführt werden, dass der Krieg verloren war. Hunderttausende von ausgemergelten und hungernden deutschen Soldaten überquerten im November und Dezember 1918 den Rhein Richtung Osten.

Sofort nach der Unterzeichnung des Waffenstillstandsabkommens am 11. November 1918 zogen sich die deutschen Truppen aus Frankreich, Belgien, Luxemburg und Elsass-Lothringen zurück. Auch das Rheinland musste entmilitarisiert werden. Ab dem 14. November sah man in Bonn die Vorboten des Rückzuges, Flugzeuge überflogen die Stadt. Am 19. November kündigte General v. Hutier, der Oberbefehlshaber der 18. Armee, den Durchzug seiner Truppen an: Man könne etwa 500.000 Mann und 150.000 Pferde erwarten, die zwischen Hersel und Godesberg auf den Rhein träfen. Neben der Rheinbrücke sollten für die Überquerung des Rheins Ponton- und Schiffsbrücken gebaut werden. Der Durchzug vollzog sich unter Respektkundgebungen der Politik und mit tatkräftiger Unterstützung der Bürgerschaft. Auch die letzten in Bonn stationierten Soldaten, das Husaren-Regiment sowie das Ersatz-Bataillon des Infanterie-Regiments 160, verließen die Stadt. Am 3. Dezember durchzogen weitere Truppenverbände Bonn, auch noch in der Nacht. Der General-Anzeiger vom 3. Dezember: *„Die Einwohnerschaft von Bonn bereitete gestern abend den Truppen, die als letzte unsere Stadt passierten, einen außerordentlichen Abschied. Zwei Divisionen, die 2. und die 200. Infanterie-Division rückten um 10 Uhr abends gleichzeitig in unsere Stadt ein, um hier den Uferwechsel vorzunehmen. Eine nach Tausenden zählende Menschenmenge hatte sich auf der Brückenstraße eingefunden, um die heimkehrenden Kampftruppen mit stürmischen Hurras und Hochrufen zu begrüßen. Der Durchzug bot einen prächtigen Anblick, da viele Soldaten Fackeln und Lampions trugen."* Als letztes zog dann das 69. Infanterie-Regiment, das in Bonn den Ordnungsdienst versehen hatte, mit klingendem Spiel ab.

Nur Tage später – und das machte das Ganze noch emotionaler – marschierten gut angezogene, vor Stolz platzende kanadische Soldaten über dieselbe Brücke, um Bonn zu besetzen und zu demonstrieren, wer der Sieger war.

1918/ 1919: Promotions-Album – 100 Jahre Bonner Universität

Das hier etwa 50 x 35 cm große aufgeschlagene Promotionsbuch der Universität Bonn dokumentiert für den 3. August 1919 die verliehenen Ehrenpromotionen an eine Reihe von Persönlichkeiten.

Seit der frühen Neuzeit wurde es üblich, dass Universitäten in runden Jahren ihre Gründung feierten. Und so beging auch die Universität Bonn, die 1818 gegründet worden war, 1843 (25 Jahre), 1868 (50 Jahre), 1893 (75 Jahre), 1918/ 1919 (100 Jahre) und 1968 (150 Jahre) feierlich ihr Bestehen. Mit der Zeit wurde es üblich, die Feierlichkeiten nicht am eigentlichen Gründungstag – dem 18. Oktober – zu begehen, sondern ihn auf den 3. August – auch aus pragmatischen Gründen – vorzuverlegen. Der 3. August war für die Universität insofern ein wichtiges Datum, hatte an diesem Tag ihr Gründer – König Friedrich Wilhelm III. – Geburtstag.

Schnell stand fest, dass das Jubiläum, das eigentlich 1918 hätte gefeiert werden sollen, aufgrund der Kriegsereignisse verschoben werden musste. Aber auch 1919 war für die Universität kein Jubeljahr, hatten doch britische Truppen die Stadt besetzt und drohten, den Lehrbetrieb einzustellen. Die eher bescheidene Jubiläumsfeier fand dann am 3. August in der Kreuzkirche statt, die Beethovenhalle (damals an der Auffahrt zur Rheinbrücke) wurde hierfür von der britischen Besatzung gesperrt. Am Tag zuvor hatte in der Aula der Universität in kleinem Rahmen eine akademische Feier stattgefunden, in dessen Mittelpunkt die Verleihung von Ehrenpromotionen stand. Auch Bonner Persönlichkeiten wurden bedacht, etwa der Zoologe Prof. Alexander Koenig und der Bildhauer Karl Menser. Zudem beabsichtigte die Medizinische Fakultät, den Unternehmer Friedrich Soennecken zu ehren; dieser verstarb aber kurz zuvor. Die Ehrenpromotion wurde ihm posthum verliehen. Unter den Geehrten befand sich auch der Schriftsteller Thomas Mann, dem 1936 dieser Ehrentitel wieder entzogen wurde.

weiterführende Literatur 40

1918-1920: Die britische Besatzungszeit

Zunächst besetzten kanadische Truppen das Bonner Stadtgebiet, sie wurden später von englischen und schottischen Verbänden abgelöst. Hier im Foto gibt es eine friedlich erscheinende Uniformkontrolle für das 13. Bataillon des Liverpool Regiments am Beueler Rheinufer am 26. März 1919, im Hintergrund die mächtige Rheinbrücke.

Das Waffenstillstandsabkommen bestimmte die Entmilitarisierung des Rheinlands sowie seine Besetzung durch alliierte Truppen. Die Besatzungszeit begann in Bonn am 8. Dezember 1918 mit dem Einmarsch kanadischer Soldaten. Hauptproblem der Stadt war zunächst, die mehrere Tausend Mann starke Truppe unterzubringen. Da sie überfordert war und die vorhandenen Kasernen nicht ausreichten, requirierten die Briten öffentliche Gebäude, Hotels, Villen und Wohnungen. Auch entstanden erste Barackenlager. Erst im Laufe des Jahres 1919 entspannte sich die Lage.

Die Briten erließen erste sogenannte Anordnungen, womit eine Art militärischer Ausnahmezustand herrschte.

Von heute auf morgen hatte sich Bonn in eine Soldatenstadt gewandelt. Dies lag nicht nur an den massenhaften Einquartierungen, sondern auch am militärischen Verkehr: Militärfahrzeuge und schweres Gerät durchquerten in großer Zahl und mit überhöhter Geschwindigkeit die Stadt. Schlimme Verkehrsunfälle waren die Folge. Auch sah man hie und da schwere Artilleriegeschütze, die demonstrativ beeindrucken sollten.

Die Stimmung war zunächst spannungsreich, ja mintunter feindselig. Man muss daran erinnern, dass das millionenfache Sterben in den Schützengräben des Ersten Weltkrieges noch überaus präsent war. Die Folge war, dass britische Soldaten und Bonner Bürgerinnen und Bürger häufig aneinandergerieten. Die Bonner Polizei nahm zahlreichen Anzeigen auf, musste aber in den meisten Fällen die Lösung des Konfliktes den britischen Gerichten überlassen.

weiterführende Literatur 6

1920-1926: Eine Trikolore – Die französische Besatzungszeit

Diese, etwa 3,00 x 1,80 m große Trikolore hing am Haus Koblenzer Straße 100, dem Sitz des Vertreters der Hohen interalliierten Rheinlandkommission in Bonn, Oberdelegierter Gelin.

Mit dem Wechsel von britischer zur französischen Besatzung am 8. März 1920 änderten sich mehrere Dinge: Zum einen wurde die Machtbefugnis des Militärs zugunsten der Hohen Kommission, einer interalliierten Zivilbehörde, eingeschränkt. Sie nahm ihre Arbeit am 10. Januar 1920 auf, das Militär hatte sich auf seine eigene Verwaltung zurückzuziehen.

Des Weiteren deuten mehrere Maßnahmen darauf hin, dass die Franzosen vorhatten, länger zu bleiben. Sie bauten Bonn als Verwaltungszentrum auf, ein Infanterie-Divisons-Stab wurde hierhin verlegt. Die Folge war, dass die militärische Präsenz sich erhöhte, weitere Barackenlager entstanden, zivile Wohnungen wurden besetzt. Und es kamen nicht nur Soldaten, sondern nicht selten zogen ganze Familien mit.

Zum Dritten etablierte sich ein höherrangiges Kriegsgericht, der Conseil de Guerre, der über Bonn hinaus die vielen Konflikte zwischen Franzosen und Deutschen regelte. Auch sanktionierte es Verstöße gegen Anordnungen der Hohen Kommission.

Schließlich sorgte die französisch-belgische Ruhrbesetzung im Jahre 1923 für erhöhte Spannungen. Widerstandsaktionen von Deutschen wurden hart mit Gefängnis, Ausweisungen oder Wohnungsverlust bestraft. Die Hyperinflation (s. S. 45.) sowie die Erstarkung des Separatismus (s. S. 46.) machten das Jahr 1923 vollends zu einem außergewöhnlichen Krisenjahr.

Mit dem Jahre 1924 entspannte sich durch Gespräche nach und nach die internationale Lage. Das führte 1925 zu Gewaltverzichtserklärungen und der Festsetzung der Grenzziehungen im Locarno-Pakt. Die Besatzung zog sich aus einer ersten besetzten Zone zurück, die französischen Soldaten verließen Bonn Ende Januar 1926.

weiterführende Literatur 6

1918-1926: Zwei Ausweiskarten

Schon ziemlich bald musste die Bonner Stadtverwaltung auf Geheiß der britischen Besatzung dafür sorgen, dass jede Bonnerin und jeder Bonner eine Ausweiskarte – Identity Card oder Carte d'identité – beantragen musste. Auf Verlangen war sie dann vorzuzeigen. Bei Nichtbeachtung dieser Vorschrift drohten Geldstrafen.

Dieser Verwaltungsakt wurde äußerst schnell umgesetzt: Am 16. Dezember 1918 richtete man in der Wilhelmschule eine „Personalausweisstelle" ein. Alle Einwohner von mehr als 12 Jahren waren aufgefordert, mit Unterlagen und Passbild dort zu erscheinen. Dabei ging man alphabetisch nach Straßen vor. Am 17. Dezember mussten die Einwohner der Acherstraße bis Bonngasse erscheinen, am 18. Dezember folgten die der Bornheimer- bis Doetschstraße. Am 27. Dezember war zuletzt die Zülpicher Straße dran.

1920-1926: Eine französische Postkarte „La Garde au Rhin"

Eine merkwürdige Postkarte, die man unterschiedlich interpretieren kann: Ein algerischer Infanterist steht oberhalb der Bonner Rheinbrücke und scheint sie – wie überhaupt den ganzen Rhein – zu bewachen. Die Karte ist koloriert, das Siebengebirge durch eine schöne Hügellandschaft angedeutet. Wie ein Programm ist sie überschrieben mit „La Garde au Rhin", womit man an „Die Wacht am Rhein" anknüpfte, ein Lied, welches während der Kaiserzeit im Deutschen Reich beliebt war und als inoffizielle Nationalhymne galt. Im Text wird in deutlicher Sprache herausgestellt, dass der Rhein ein deutscher Strom sei und niemand danach streben sollte, ihn als Grenzfluss zu betrachten, womit in erster Linie die Franzosen gemeint waren.

Drückt die Karte tatsächlich die Forderung der Franzosen aus, das Rheinland besetzt zu halten und den Rhein zukünftig als Grenzfluss zu betrachten, den es zu bewachen gilt? Oder will sie ein wenig den Text des deutschen Liedes „Die Wacht am Rhein" ironisieren und als vergangen darstellen, denn nun mehr sind ja die Franzosen „La Garde au Rhin"? Bei allem hat die Karte eine weitere antideutsche Spitze, in dem ein nordafrikanischer Soldat gezeigt wird. Gegen farbige Besatzungssoldaten gab es in der deutschen Bevölkerung große, mitunter rassistisch aufgeladene Vorbehalte.

Allerdings ist der politische Gehalt dieser Karte eine Ausnahme. Die überwiegende Mehrheit von französischen Postkarten, die gedruckt und versendet wurden, zeigen „unpolitische" Ansichten wie Kasernen, Lager oder andere Örtlichkeiten bzw. Veranstaltungen, die den Alltag der Soldaten widerspiegeln.

weiterführende Literatur 6

1922: Pharus Stadtplan

Der Pharus-Plan entstand vor Juli 1922, denn damals wurden einige Straßen umbenannt, deren neue Namen noch fehlen (Friedrichs- in Friedensplatz, Max- in Karl-Marx-Straße). Allerdings wird der Frankenplatz genannt, der schon im April 1922 seinen Namen erhielt. Wie genau allerdings der Verlag die Nomenklatur nahm, ist nicht mehr zu ergründen.

Der Plan hebt touristische Sehenswürdigkeiten plastisch hervor, nennt alle Bahnhöfe und zeigt den Verlauf der verschiedenen Straßenbahnlinien.

Auf den ersten Blick erkennt man einige der Bauten wieder, die heute noch existieren. Dagegen stehen die Verluste, die insbesondere durch die Bombenangriffe im Zweiten Weltkrieg verursacht wurden, etwa die Stadthalle in der Gronau. Auch zeigt der Plan die alte Rheinbrücke, die deutsche Soldaten sprengten. Völlig geändert hat sich das der Rheinbrücke vorgelagerte Gassenviertel, durch das sich heute der Bertha-von-Suttner-Platz und die Oxfordstraße ziehen (s. S. 89).

Bei näherer Betrachtung wird man mit dem Stadtplan die 100-jährige Stadtentwicklung im Groben nachvollziehen können.

1923: Geldscheine der Hyperinflation

Im Fokus stehen hier die in der Inflationszeit gedruckten Millionen- und Milliardenmarkscheine der Reichsbank. Zusätzlich tauchten mit der Zeit auch von den Kommunen und anderen Institutionen gedrucktes Geld (sog. Notgeld) auf, da die Reichsbank mit der Herstellung und dem Druck der Scheine nicht mehr nachkam.

Das Jahr 1923 nahm in der rheinischen Geschichte sicherlich eine unrühmliche Sonderstellung ein: Das Rheinland war besetzt, am 11. Januar marschierten französische Truppen ins Ruhrgebiet ein, passiver Widerstand wurde ausgerufen, der Separatismus bekam Auftrieb und die Inflation begann zu galoppieren. Preise stiegen ins Unermessliche, Löhne kamen nicht nach, die sozialen Folgen – gerade für Sparer – waren verheerend. Dagegen begünstigte die Inflation Sachwertbesitzer und Schuldner.

Der General-Anzeiger kurz vor dem Höhepunkt der Inflation (9.11.): *„Der Bezugspreis für die hiesigen Zeitungen beträgt für die Woche vom 9. bis 15. November 400 Milliarden Mark.*

Dieser Bezugspreis ist gültig bis Montagabend, 12. November. Nach dem 12. November müssen wir einen der Geldentwertung entsprechenden Aufschlag erheben.

Wir bitten unsere Bezieher, den Boten die Mühe des Einkassierens zu erleichtern, indem sie den Bezugspreis in möglichst hohen Geldscheinen (nicht unter 10 Milliarden) zum Abholen bereithalten."

Mit der Einführung der Rentenmark im November stabilisierte sich die deutsche Währung wieder.

1923: Eine Separatisten-Fahne

Die etwa 1,00 m x 0,50 m große Separatisten-Fahne steht für eine Episode in der Geschichte des Rheinlandes und insbesondere Bonns, die viel Unruhe brachte und zum Teil von der französischen Besatzung unterstützt wurde, aber zu keinem Zeitpunkt eine Chance auf Erfolg hatte: Der Versuch einer mehrere Tausend Menschen großen Gruppe, eine Rheinische Republik zu gründen und sich somit von Preußen und dem Reich zu separieren. Die Fahne wurde möglicherweise am 23. Oktober auf dem Bonner Rathaus gehisst.

Die Ereignisse in Bonn begannen faktisch am 21. Oktober mit der mehrmaligen Erstürmung des Rathauses, dem Hissen der Separatisten-Fahne und der Ausrufung der Rheinischen Republik und endete Anfang Dezember mit dem Scheitern der Bewegung in der „Schlacht im Siebengebirge".

Der damalige amtierende Oberbürgermeister Spoelgen beschreibt in seinen Erinnerungen die hektischen Wochen und die Verhandlungen zwischen den verschiedenen Interessengruppen: Die Separatisten, die ohne große Unterstützung in der Bevölkerung ihrem Ziel einer Rheinischen Republik mitunter mit Gewalt nachgingen; den Franzosen, die zum Teil die Forderungen der Sonderbündler unterstützten und die Chance sahen, das Rheinland vom Deutschen Reich quasi als Pufferstaat abzutrennen; und die Bonner Verwaltung und politischen Kräfte dahinter, die sich entschieden dem Reich zugehörig fühlten und mutig den Separatisten entgegenstellten.

Am 22. Dezember wurde die Separatisten-Fahne endgültig vom Rathausdach wieder entfernt.

weiterführende Literatur: 27

1925: Modell des Poppelsdorfer Schlosses

Das etwa einen Quadratmeter große Modell des Poppelsdorfer Schlosses stand im Teilbereich Saal der Städte der 1925 veranstalteten Ausstellung zur rheinischen Jahrtausendfeier in Köln.

Im Rheinland gibt es immer was zu feiern, dachten sich einige Historiker und tauchten tief in überlieferte mittelalterliche Akten ein. 925 hatte König Heinrich I. das westlich gelegene „Zwischenreich" Lotharingen in das ostfränkische, d. h. deutsche Reich, eingegliedert und mit ihm den Rhein, der nunmehr kein Grenzfluss mehr war. Der 1.000-jährige Jahrestag musste gefeiert werden.

Und es wurde im ganzen Rheinland gefeiert mit Theaterstücken, Musik- und Singspielen, Sportveranstaltungen und vielen, vielen anderen riesigen Veranstaltungen. Die Energie, mit der gefeiert wurde, ist aber nur erklärlich vor dem Hintergrund der damaligen politischen Situation im Rheinland. Der Separatismus (s. S. 46.) hatte 1923 sein Unwesen getrieben, die Franzosen hatten das Land besetzt (s. S. 41) und manche von ihnen wollten hier nicht wieder weg. Dagegen sollten Zeichen gesetzt werden: Das rheinische Selbstbewusstsein und die Tatsache mussten betont werden, dass das Rheinland schon 1.000 Jahre zum deutschen Reich gehörte. Niemand sollte dies in Frage stelle oder gar ändern wollen. In Bonn fanden große Feierlichkeiten vor allem vom 16. bis 27. Mai statt.

In Köln konnte man den Sommer über eine große Jahrtausend-Ausstellung der Rheinlande bestaunen, in der Tausende von Artefakten zu sehen waren. Das ganze rheinische Leben in seiner Vielfalt sollte eingefangen werden. Man sah wertvolle Kunstobjekte, wichtige Dokumente und Bücher, handwerkliche und industrielle Produkte und vieles mehr. Im Katalog tauchen die Beiträge Bonns auf; sie bezogen sich mit den ausgestellten Modellen, Gemälden und Stichen vor allem auf die kurfürstliche Zeit.

1926: Der Staatsbesuch von Reichspräsident v. Hindenburg

An der Spitze einer 19 Fahrzeuge zählenden Kolonne durchfährt der Chauffeur des Reichspräsidenten die Remigiusstraße. Er war gerade am Bahnhof angekommen und auf dem Weg zum Rathaus, wo man einen großen Empfang organisiert hatte. Es ist Hindenburgs einziger Besuch in Bonn und der Reichspräsident wurde von großen Teilen des Kabinetts und dem preußischen Ministerpräsidenten begleitet. Der Besuch am 22. März 1926 im Rheinland war ein demonstrativer Akt, kurz nachdem die französischen Besatzungstruppen abgezogen waren. Und so betont Hindenburg in seiner Rede im Rathaus auch: *„Das Unglück unseres Landes hat dunkle Wolken über den sonnigen, fröhlichen Rhein und diese heitere Musenstadt gebreitet; bis in die letzte Zeit hinein hat Bonn, haben die Stätten der Wissenschaft und das einst so blühende Leben hier schwer gelitten. Aber hell leuchtet aus diesen trüben Jahren die echte und große Vaterlandsliebe, ... die auch in dieser Not sich so trefflich bewährt hat. Möge nun, nachdem die Fremdherrschaft vorbei ist und die Schranken, die uns trennten, gefallen sind, auch dieser Stadt wieder Aufstieg und glückliche Zukunft beschieden sein ... "* (General-Anzeiger v. 23.3.1926). Ganz Bonn war auf den Beinen, die Straßen und Örtlichkeiten sind reich mit Fahnen geschmückt. Der Präsidentenbesuch gab einen Vorgeschmack auf das, was Bonn als Bundeshauptstadt mehrfach erleben würde.

1930: Beschlagnahmte Waffen – Der „blutige Sonntag"

Die Fotos zeigen die von der Polizei bei einer Auseinandersetzung zwischen Nationalsozialisten und Kommunisten am 7. Dezember 1930 beschlagnahmten Waffen und deuten an, wie sehr sich Gewalt im politischen Leben bereitgemacht hatte.

Und es war noch mehr geschehen: An diesem Tag hatte die NSDAP zu Werbeveranstaltungen aufgerufen, am Abend sollte in der Beethovenhalle (damals an der Auffahrt zur Rheinbrücke) eine Versammlung stattfinden. Am frühen Nachmittag zog eine größere Truppe von Nationalsozialisten von Beuel über die Rheinbrücke. Auf der Bonner Seite trafen sie auf Anhänger der KPD, die aus der Altstadt kamen. Es entwickelte sich eine heftige Schlägerei, und plötzlich fiel ein Schuss. Erschrocken zogen sich die Kommunisten zurück, und man bemerkte, dass auf dem Boden ein angeschossener SA-Mann lag. Er wurde sofort ins Krankenhaus gebracht. Noch bis tief in die Nacht kam es zu weiteren schweren Zusammenstößen der politischen Gegner.

Der angeschossen SA-Mann, Klaus Clemens, starb am 18. Dezember 1930 ohne das Bewusstsein wiedererlangt zu haben.

In den folgenden Prozessen konnte nicht eindeutig geklärt werden, wer die tödliche Kugel abgefeuert hatte. Viele Nationalsozialisten beschuldigten fortan aber die Kommunisten, sie wären für den Tod des SA-Mannes verantwortlich. Insbesondere der Kommunist Josef Messinger wurde verdächtigt. Er wurde deshalb nach der „Machtergreifung" in „Schutzhaft" genommen und starb nach gewalttätigen Verhören am 12. Juli 1933. Klaus Clemens dagegen wurde zum Märtyrer der Bonner NS-Bewegung. Am 6. April 1933 benannte man die bisher namenlose Rheinbrücke nach ihm.

weiterführende Literatur 7

Nationalsozialistische Zeit und Zweiter Weltkrieg

1933:	Bastelei aus dem KZ – Die „Schutzhaftaktion"
1933:	Erstes Opfer des NS-Regimes – Otto Renois
1933-1938:	Antijüdische Transparente, „Stürmerkasten" und brennende Synagoge
1934:	Adolf Hitler am „Deutschen Rhein"
1935:	Exemplar der „Sozialistischen Republik"
1935:	Haftbefehl – Bonns größter Prozess
1935/ 1939:	NS-Propaganda und selbstbewusste Zurschaustellung
1936:	Alte Fußballschuhe
1936:	Was Bilder alles so sagen – Rudolf Hess in Bad Godesberg
1938:	Die Jovy-Gruppe
1938:	Vorladung der Bonner Gestapo
1938:	Abraham Sieffs Fotoschatz
1939-1942:	Drei Fotoalben „Erinnerungen"
1939-1945:	Alliierte Flugblätter
1940:	Die Demütigung der Barbara S.
1941:	Vorladung des Sondergerichts Köln
1941/ 1942:	Das Hausbuch Kappellenstraße 6
1941-1944:	Das Bunkerbauprogramm
1942:	Prof. Hausdorffs Konsequenz
1942:	Zwangsarbeiterinnen der Fa. Soennecken
1943:	Friesdorf, 17. April 1943
1943:	„Bekanntmachung"
1944:	18. Oktober – Bonn fällt in Schutt und Asche

1933: Bastelei aus dem KZ – Die „Schutzhaftaktion"

Das etwa 20 x 11 cm große Brettchen bastelte der KPD-Stadtverordnete Wilhelm Parsch im KZ Börgermoor und schickte es nach Hause zu seiner Mutter. Parsch war am 1. März 1933 in „Schutzhaft" genommen worden und blieb dort mehr als ein Jahr.

Der Reichstagsbrand in der Nacht vom 27. auf den 28. Februar 1933 gab den neuen Machthabern Anlass, systematisch gegen Kommunisten, Sozialisten und entschiedene Demokraten vorzugehen. Unter Berufung auf die „Reichstagsbrandverordnung" wurden ab dem 1. März 1933 Tausende von politischen Gegnern in „Schutzhaft" genommen. Allein für Bonn sind über 250 „Schutzhäftlinge" nachgewiesen, vor allem Funktionäre der beiden Arbeiterparteien KPD und SPD sowie Gewerkschafter, vereinzelt aber auch Funktionäre der konservativen Parteien und kommunale Funktionsträger.

Hintergrund war die wirkliche oder vorgeschobene Furcht der Nationalsozialisten und anderer nationalistischer Kräfte vor einem kommunistischen Umsturzversuch. So konnte man die aktivsten Politiker der KPD und SPD aus dem Verkehr ziehen und schwächte die beiden Parteien im laufenden Wahlkampf nachhaltig. Bei der Verhaftung von vielen eher konservativen Politikern spielte oft ein Korruptionsvorwurf eine Rolle.

Die Bonner „Schutzhäftlinge" kamen zunächst in die örtlichen Gefängnisse. Wegen deren Überfüllung wurde auch das Siegburger Zuchthaus genutzt. Viele von ihnen kamen nach Tagen und Wochen wieder frei; andere, insbesondere die Funktionäre der KPD, wurden Mitte des Jahres ins KZ Börgermoor weitertransportiert, bei dessen Aufbau sie mithelfen mussten. Sie kamen erst an Weihnachten 1933 oder Monate später, an Ostern 1934, wieder frei.

weiterführende Literatur 7

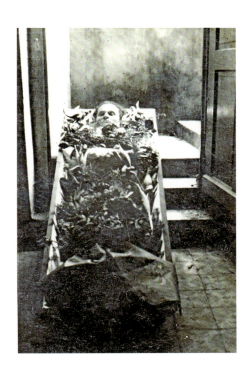

1933: Erstes Opfer des NS-Regimes – Otto Renois

Das Foto zeigt die aufgebahrte Leiche des KPD-Stadtverordneten Otto Renois. Es wurde heimlich von seinem Schwager Hans Höfs aufgenommen und kursierte bald wie auch ein Flugblatt, das einen Prozess gegen den mutmaßlichen Mörder forderte, in der Stadt.

Der Tod Renois' ist im Zusammenhang mit der Aktion der Nazis zu sehen, in der ab dem 1. März 1933 zahlreiche politische Gegner in sogenannte „Schutzhaft" genommen wurden (s. S. 52). Auch den beliebten KPD-Stadtverordneten wollte man in Gewahrsam nehmen. Renois tauchte aber zunächst unter, wollte wohl seine Flucht ins Saarland vorbereiten.

Als er sich dann am 4. April in seiner Wohnung von seiner Frau und seinem Sohn verabschieden wollte, wurde er von einer Truppe von SS-Leuten doch noch festgenommen. Sie wollten ihn in das Gefängnis in der Wilhelmstraße bringen.

Was genau in der Nacht vom 4. auf den 5. April 1933 geschah, ist im Einzelnen nicht mehr zu rekonstruieren. Laut der offizielle Version soll Renois eine Gelegenheit genutzt haben, aus dem offenen Auto heraus zu fliehen, woraufhin ein SS-Führer – nachdem er gewarnt hatte, von der Schusswaffe Gebrauch zu machen – Renois erschossen hat. Dies wurde am nächsten Tag auch im „General-Anzeiger" verbreitet.

Im Gegensatz zu dieser offiziellen Version kamen allerdings schon bald Vermutungen und Gerüchte auf, dass Renois zielgerichtet ermordet worden war. Vieles spricht tatsächlich dafür, dass sein Tod bewusst provoziert wurde, und er damit zum ersten Todesopfer des NS-Gewaltregimes in Bonn wurde. Insbesondere der Tatverdächtige Peter Holzhauer, der nicht nur von politischen Gegnern, sondern auch von den eigenen Leuten als äußerst gewalttätig charakterisiert wurde, steht für diese Vermutung. Ein weiteres Indiz ist, dass Holzhauer kaum ein Jahr später wieder in ein Tötungsdelikt verwickelt war. Er wurde vom Bonner Schwurgericht wegen Anstiftung zum Mord zu drei Jahren Zuchthaus verurteilt. Holzhauer hatte einen Untergebenen aufgefordert, auf einen wehrlosen Mann zu schießen.

weiterführende Literatur 7

1933-1938: Antijüdische Transparente, „Stürmerkasten" und brennende Synagoge

Es kann hier nicht der Ort sein, um detailliert die sich radikalisierende Judenverfolgung in Bonn von 1933 bis 1938 zu beschreiben. Die drei Fotodokumente können den Ablauf der überaus komplexen Geschehnisse nur eindrucksvoll andeuten.

Da tauchen im April 1935 im Stadtgebiet über die Straßen gespannte Transparente auf mit Sprüchen wie „Der Jude ist unser Staatsfeind" und „Wer beim Juden kauft – ist ein Volksverräter!" Offenkundig war dies eine Aktion des NSDAP-Kreispropagandaleiters, der immer wieder den Antisemitismus anheizte. Allerdings beobachtete die politische Polizei, dass sogar Parteigenossen diese Art von Judenbeschimpfung kritisch sahen.

Der rote „Stürmerkasten" hinter einem bunten Marktstand auf dem Markt aus dem Jahr 1937 gehört zunächst zu den wenigen Farbfotos, die für Bonn aus dieser Zeit existieren. Das Foto zeigt, dass man auch in Bonn dafür sorgte, dass die Bevölkerung das antisemitische Hetzblatt Julius Streichers „Der Stürmer" jederzeit und kostenfrei lesen konnte.

Mindestens ein zweiter dieser Aushängekästen stand in Bonn, nämlich auf dem Münsterplatz.

Dass der nationalsozialistische Staat und seine Handlanger vor Ort auch bereit waren, Gewalt anzuwenden, zeigt das eindrucksvolle Foto der brennenden Synagoge in Bonn am 10. November 1938. Mit diesem Akt und den willkürlichen Verhaftungen, die folgten, wurde vielen Bonner Jüdinnen und Juden der Ernst der Lage nun vollends bewusst. Eine neue Stufe der Gewalt war erreicht. Viele verzweifelten ob der Situation, einige

hielten den psychischen Druck nicht mehr aus, so wie die Familie Salomon. Der Sohn Leonhard war am 10. November in das KZ Dachau eingewiesen worden. Als Teilnehmer des Ersten Weltkriegs entließ man ihn am 23. Dezember wieder. Die Sterbeurkunden Leonhards und seiner Eltern David und Elisabeth dokumentieren ihre dann gezogene Konsequenz am 24. Dezember: „Freitod durch Gas".

1934: Adolf Hitler am „Deutschen Rhein"

Deutlicher kann man eine politische Inszenierung nicht dokumentieren. Adolf Hitler befindet sich auf einem Schiff, im Hintergrund das Godesberger Rheinufer mit dem Hotel Dreesen. Er wirft sich in Pose und wird dabei von seinem Leibfotografen Heinrich Hoffmann fotografiert. Die ganze Szene nimmt der Hobbyfotograf Theo Stötzel auf, der durch die Bekanntschaft zum Bad Godesberger Bürgermeister Alef Gelegenheit fand, so nah an den „Führer" zu gelangen.

Zum Hintergrund: Wahrscheinlich durch Rudolf Hess, der auf dem Godesberger Pädagogium zur Schule gegangen war, übernachtete Hitler schon vor der „Machtergreifung", wenn er denn im Rheinland war, im Rheinhotel Dreesen. Ihm gefielen die Atmosphäre und die Lage dort so gut, dass er immer wieder hierhin zurückkehrte. Später folgte ihm auch andere NS-Prominenz wie Reichsjugendführer von Schirach, Propagandaminister Goebbels oder SA-Stabschef Lutze.

Dies bot für den nationalsozialistischen Bad Godesberger Bürgermeister die Gelegenheit, die Gäste im Rheinhotel Dreesen zu begrüßen und Kontakte zu knüpfen. Er gewann ihr Vertrauen und beauftragte nun seinen Bekannten, den Godesberger Fotografen Stötzel, die Besuche wenn möglich zu dokumentieren. Dies tat Stötzel von 1933 bis 1936, Hunderte von Fotos liegen so vor. Warum keine Fotos von nach 1936 gefunden wurden, darüber kann nur spekuliert werden. Möglicherweise war ein Zerwürfnis zwischen dem Bürgermeister und dem Fotografen der Grund hierfür.

Der Anlass für Hitlers Rheinreise von Köln über Bad Godesberg nach Koblenz war im Übrigen eine Saarlandkundgebung, wo er vor etwa 500.000 Zuhörern eine „flammende Rede" hielt.

weiterführende Literatur 8

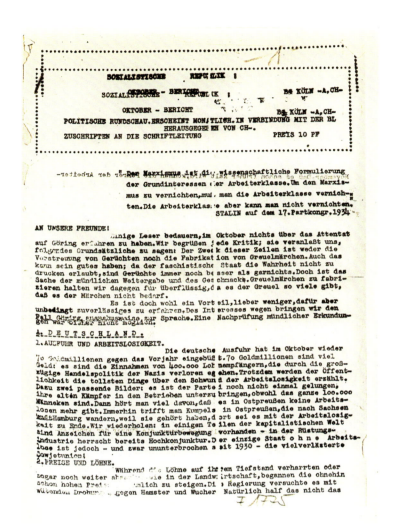

1935: Exemplar der „Sozialistischen Republik"

Das Deckblatt der „Sozialistischen Republik" gehört zu einer illegalen Flugschrift, die Walter Markov als Kopf einer Widerstandsgruppe von Studenten und Arbeitern 1934/1935 entwarf und herstellte. Charakteristisches Merkmal dieser von insgesamt vier Flugschriften ist eine sichtbare Blässe unter der Überschrift „An unsere Freunde", die sich weiter unten wiederholt. Hintergrund: Ein Mitstreiter hatte ein Abzugsgerät in Berlin besorgt, stürzte mit seinem Motorrad im Harz, so dass die Abzugsmaschine auf der Walze eine Kerbe erhielt. Bevor die Walze repariert werden konnte, entstand dieses entstellte Exemplar.

Walter Markov und seine Gruppe werden für ihre Widerstandtätigkeit büßen. Sie stellten für die hiesige illegale KPD (s. S. 59) die Flugschrift „Sozialistische Republik" in Hunderten von Exemplaren her, die dann verteilt wurde. Im Februar 1935 flog die „Markov-Gruppe" auf. Markov selbst musste sich 1936 vor dem Volksgerichtshof wegen „Vorbereitung zum Hochverrat" verantworten und wurde zu 12 Jahren Zuchthaus verurteilt. Seine Strafe verbüßte er bis zur Selbstbefreiung 1945 im Siegburger Zuchthaus.

weiterführende Literatur 9

Abschrift!

Das Amtsgericht. Köln, den 5. Juli 1935

Fernsprecher:

Haftbefehl.

Es wird gebeten, bei allen Eingaben die nachstehende Geschäftsnummer anzugeben.

Geschäftsnummer:

25 Gs 2051/35

Der Hermann Messinger, geb. 20.11.08 zu Schwarz-Rheindorf,

sind zur Untersuchungshaft zu bringen.

Sie werden beschuldigt, der gemeinschaftlichen Vorbereitung zum Hochverrat, wobei die Tätigkeit auf die Herstellung eines organisatorischen Zusammenhalts der illegalen K.P.D. und Roten Hilfe und die Beeinflussung der Bevölkerung durch Verbreitung kommunistischer Schriften gerichtet war. Tat begangen zu Bonn und Umgegend seit 1933 bis 1935.

Verbrechen gegen §§ 83, 47 Str.G.B.

Sie sind dieser Straftat dringend verdächtig und fluchtverdächtig wegen der hohen zu erwartenden Strafe und weil ein Verbrechen vorliegt.

Gegen diesen Haftbefehl ist das Rechtsmittel der Beschwerde zulässig. — Statt der Beschwerde kann eine mündliche Verhandlung gemäß § 114 d der Strafprozeßordnung beantragt werden. In der mündlichen Verhandlung wird darüber entschieden, ob der Haftbefehl aufrechtzuerhalten oder aufzuheben ist oder ob, wenn die Verhaftung lediglich wegen des Verdachts der Flucht angeordnet ist, gegen Sicherheitsleistung von der Untersuchungshaft abgesehen werden soll*). —

Herrn
Hermann Messinger, Köln.

gez. Kang

*) Nur bei Verbrechen oder Vergehen (§ 115 StPO.). —
Nach der Eröffnung des Hauptverfahrens findet eine mündliche Verhandlung über den Haftbefehl nicht mehr statt (§ 115 b StPO.). Neben einem Antrag auf mündliche Verhandlung ist eine Beschwerde über den Haftbefehl nicht zulässig. Eine bereits eingelegte Beschwerde gilt mit der Anberaumung des Termins zur mündlichen Verhandlung als zurückgenommen (§ 115 c Abf. 2 StPO).

St. P.
Nr. 4. Haftbefehl (§§ 112 ff. StPO.). — Amtsgericht.

1935: Haftbefehl – Bonns größter Prozess

Im Sommer 1935 erlebte Bonn eine Verhaftungswelle, bei der über hundert kommunistische und sozialistische Widerstandskämpfer in Haft gerieten. Der Haftbefehl umschreibt den Haupthaftgrund: „Vorbereitung zum Hochverrat". Was war geschehen?

Nachdem alle „Schutzhäftlinge" (s. S. 52) entlassen worden waren, formierten sich in den einzelnen Stadtteilen kleine Widerstandsgruppen, die bereit waren, illegale Parteistrukturen aufrecht zu erhalten und Flugblätter zu verteilen. Mit dem Doktoranden Walter Markov gewann man einen Mitstreiter, der Informationsblätter formulierte und sie mittels eines Abziehapparates auch vervielfältige (s. S. 57). Hunderte von Flugschriften kamen so in die einzelnen Widerstandszellen mit ihren zumeist drei bis fünf Mitgliedern.

Eine derartig auffällige Widerstandsaktivität konnte nicht lange geheim gehalten werden. Nachdem die Gestapo einen Kurier abgefangen hatte, schlug sie Mitte 1935 zu. Nach monatelangen Ermittlungen, in denen auch gefoltert wurde, kristallisierte sich einen Kreis von 74 Männer und Frauen heraus, die sich 1936 vor einem politischen Sondergericht, dem Oberlandesgericht Hamm, verantworten mussten. Wegen der großen Anzahl der Angeklagten tagte das Gericht im Gebäude des Landgerichts Bonn. Acht Tage wurde verhandelt, bis schließlich am 9. Mai 1936 das Urteil gefällt wurde. Das Gericht verhängte zahlreiche Zuchthaus- und Gefängnisstrafen – der Hauptangeklagte musste für sieben Jahre ins Zuchthaus.

Und für manche hörte auch nach der Verbüßung der Strafe die Verfolgung nicht auf; sie kamen in KZs und/oder wurde in das Strafbataillon 999 eingezogen.

Von dem hier skizzierten Widerstandskreis überlebten 18 Männer das „Dritte Reich" nicht. Vier Männer starben, wurden totgeprügelt oder nahmen sich noch vor Anklageerhebung aus Verzweiflung das Leben. 14 der späteren Angeklagten fanden aus verschiedenen Gründen den Tod, die meisten von ihnen überlebten die KZ-Haft nicht oder fielen bei gefährlichen Einsätzen des berüchtigten Strafbataillons 999.

weiterführende Literatur 10

1935/1939: NS-Propaganda und selbstbewusste Zurschaustellung

Eine Stoßrichtung der NS-Propaganda traf die Gegner und die „Reichsfeinde" des neuen Deutschlands; eine andere Stoßrichtung baute darauf, das „Dritte Reich" als zukunftsorientiert, stark und erfolgreich darzustellen. Hierfür steht zum einen die Postkarte, die eine aufgehende Hakenkreuz-Sonne hinter der Bonner Rheinbrücke zeigt. Die Botschaft: Die Zukunft gehört der neuen Bewegung. Zum anderen präsentierte sich die Bonner NSDAP 1939 mit dem Kreisparteitag auf dem Höhepunkt ihrer Macht.

Der Kreisparteitag fand am 10./11. Juni 1939 statt, es war der dritte nach 1935 und 1937. Inmitten der gesammelten NSDAP-Gau-Prominenz nahm Gauleiter Grohé den Vorbeimarsch der verschiedenen Parteiverbände ab. Zuvor hatte es auf dem Hofgarten einen Generalappell gegeben, bei dem

von einer Riesentribüne aus der NSDAP-Kreis- und der Gauleiter „flammende Reden" hielten.

Überhaupt stand Bonn das ganze Wochenende über im Zeichen von Massenkundgebungen. Über 40.000 Nationalsozialisten waren zusammen gekommen, am Samstagabend stand Bonn unter Festbeleuchtung, am Sonntagmittag marschierten HJ- und BDM-Gruppen auf dem Markt auf. Weitere Veranstaltungen fanden in der Beethovenhalle, auf dem Frankenplatz, im Tannenbusch, in der Universität und anderswo statt. Die Veranstaltungen sollten beeindrucken und die Bevölkerung davon überzeugen, dass das „Dritte Reich" sich auf dem richtigen Weg befände.

weiterführende Literatur 7

1936: Alte Fußballschuhe

Die alten Fußballschuhe stehen für eine Zeit, in der in Beuel guter Fußball gespielt wurde. Der Fußballverein Beuel 06 wurde sogar Gaumeister am Mittelrhein, wobei das Spiel von den vier Elbern-Brüdern getragen wurde.

Einer dieser Brüder hieß Franz Elbern und gehörte zu den wenigen Spielern aus Bonn, die in die Nationalelf berufen wurden. Von 1935 bis 1937 berief man ihn acht Mal. Sein erfolgreichstes Jahr war 1936, wo er in den Spielen gegen Luxemburg und die Tschechoslowakei jeweils ein Tor schoss. Auch während der Olympiade in Berlin kam er zum Einsatz. Heute trägt das Beueler Fußballstadion seinen Namen.

weiterführende Literatur 37

1936: Was Bilder alles so sagen – Rudolf Hess in Bad Godesberg

17. März 1936: Ein vielleicht noch kalter, sonniger Vorfrühlingstag. Die Koblenzer Straße ist Hackenkreuz geschmückt, SA-Leute halten die Fahrgasse frei, eine Menschmenge jubelt mit Hitlergruß dem Stellvertreter des „Führers" Rudolf Hess zu. Er selbst sitzt mit seinen Adjutanten in einem Adler-Cabrio, grüßt die Menge mit angewinkeltem Arm zurück. Das Fahrzeug war im Regierungsbezirk Düsseldorf angemeldet (Kennzeichen IY), und dies nicht von ungefähr, hatte er doch am Tag zuvor im Rahmen der Reichstagswahl vom 29. März 1936 in Düsseldorf eine Rede gehalten, war abends noch nach Bad Godesberg gefahren, um im Rheinhotel Dressen zu übernachten. Am nächsten Morgen besuchte er seine ehemalige Schule, das Pädagogium, um mit Schülern und alten Bekannten zu reden. Gegen Mittag zog es ihn weiter nach Süden, wo eine nächste Rede geplant war.

Das Foto suggeriert, der Fahnenschmuck, der massive SA-Auftritt und die Menschmenge seien aus Anlass von Hess' Besuch organisiert worden. Aus Zeitungsberichten wird aber deutlich, dass ein ganz anderer erwartet wurde, der sich nur verspätet hatte. Reichsmarschall Göring war auf dem Weg nach Bonn und sollte die Koblenzer Straße entlangkommen. Hess fuhr also nur zufällig durch das Spalier oder nutzte die sich ergebene Möglichkeit eines Bades in der Menge.

Und noch etwas anderes, Seltenes zeigt dieses Foto: Links, vor dem runden weißen Haus ist eine Rundfunksäule zu erkennen. Mit diesen im Rheinland eher selten installierten Säulen konnte man aus einem Studio Informationen, Termine und Reden übertragen und hatte damit die Möglichkeit, auch Menschen, die in der Stadt unterwegs waren, anzusprechen.

weiterführende Literatur 11

1938: Die Jovy-Gruppe

Auf dem Gipfel des Titlis in den schweizerischen Alpen sitzt im Sommer 1938 eine Gruppe junger Leute aus Bonn, Schüler und Abiturienten. Sie tragen die im Deutschen Reich verbotene „Kluft" der bündischen Jugend. Die Gruppe ist auf der Rückreise von Südfrankreich, wo sie mit Exil-Widerstandskämpfern in Kontakt getreten war. Auch zwei Jüdinnen spielten hierbei eine Rolle. In dem Gepäck der jungen Leute befinden sich illegale Zeitschriften, die sie von Karl Otto Paetel, der Führungsfigur im französischen Exil-Widerstand, erhalten hatten.

Zurück in Bonn führte die Gruppe weitere illegale Aktionen durch; sie unternahm verbotene Fahrten, veranstaltete politische Schulungsabende und hielt Kontakt zu anderen illegalen Kreisen.

1939 kam ihnen die Bonner Gestapo auf die Spur. Im Dezember schlug sie zu und verhaftete die Gruppe. Für Einzelne begann nunmehr eine fast zweijährige Untersuchungshaft. Als Haupttäter wurden Michael Jovy, Edgar Lohner und Helmut Giesen im September 1941 wegen „Vorbereitung zum Hochverrat" und „bündischer Umtriebe" zum Volksgerichtshof angeklagt und zu Zuchthausstrafen zwischen zweieinhalb und sechs Jahren verurteilt. Während Jovy (Desertion aus dem Strafbataillon) und Lohner (Kriegsgefangenschaft) überlebten, fiel Giesen bei einem Einsatz des Strafbataillons in Jugoslawien.

weiterführende Literatur 12

1938: Vorladung der Bonner Gestapo

Eine Vorladung der Bonner Gestapo brachte Angst und Schrecken ins Haus, man wusste nie, ob und wann man wieder zurückkehren werde.

„Ab 1.4.1938 wird in Bonn, Kreuzbergweg 5, eine Außenstelle der Staatspolizeistelle Köln eröffnet. Sie bezweckt eine Entlastung der Hauptstelle in Köln und darüber hinaus eine intensivere Bekämpfung der Staatsfeinde durch Spezialbeamte…", so die Benachrichtigung an zuständige Behörden. Mit dieser Verfügung der Gestapo Köln bekam nun auch Bonn eine eigene, für den Stadtkreis Bonn und die Landkreise Bonn und Euskirchen zuständige Gestapo-Dienststelle, die bald schon bei bloßer Nennung Angst und Schrecken in die Bonner Bevölkerung trug.

Die Bonner Gestapo ging in den folgenden Jahren den zahlreichen Denunziationen und Hinweisen nach, lud Beschuldigte vor, verhörte sie und leitete Verfahren bei den zuständigen Gerichten (insbesondere beim Sondergericht Köln, s. S. 71) ein. Sie sprach dabei „Verwarnungen" aus, organisierte die politische Überwachung von „Staatsgegnern" und verhängte in einigen Fällen auch „erziehungswirksame Maßnahmen", wie die Einweisung in ein Arbeitserziehungslager. Die im Keller des Hauses Kreuzbergweg 5 befindlichen Gefängniszellen dienten der vorübergehenden, oft tage-, aber auch wochenlangen Inhaftierung von Beschuldigten. Dass hier auch gefoltert, geschlagen und misshandelt wurde, ist mehrfach bezeugt.

Die Gestapo-Außendienststelle Bonn war verwaltungstechnisch in ähnlicher Weise organisiert wie die Zentrale in Köln. Die „Referate" für Juden, Staatsfeinde und Ausländer waren die wichtigsten Abteilungen und Hauptbetätigungsfelder. Das genaue Ende der Außendienststelle Bonn ist nicht bekannt. Vieles spricht dafür, dass die Gestapo die Arbeit im Kreuzbergweg 5 erst kurz vor dem Einmarsch der Amerikaner in Bonn am 7. März 1945 einstellte. Ihre Akten vernichtete sie vollständig.

weiterführende Literatur 13

1938: Abraham Sieffs Fotoschatz

Auch wenn das Foto ein weinig unscharf ist, es steht eindrücklich für etwas, was 1939 endgültig aus Bonn verschwand: ostjüdisches Leben. Das Foto zeigt eine Purimgesellschaft bei der ostjüdischen Familie Stern.

Aus Arbeitskräftemangel zogen ab dem Ersten Weltkrieg nach und nach polnische Ostjuden nach Bonn, etwa 30 Familien konnten sich halten. Kinder wurden hier geboren. Sie lebten zumeist vom Schreinerberuf des Mannes, oft machte der Mann sich dann selbstständig. Zu deutschen Jüdinnen und Juden hatte man wenig, zu deutschen Christen – außer wirtschaftlichem – fast keinen Kontakt. Man lebte seine oft orthodox ausgerichtete jüdische Religion und hatte sogar einen eigenen Gebetsraum, wo man unter sich blieb.

Als der 1920 in Bonn geborene Abraham Sieff Mitte der 1930er Jahre einen Fotoapparat erhielt, begann er leidenschaftlich zu fotografieren. Seine Motive fand er im religiösen und gesellschaftlichen Leben seiner Familie, von Bekannten und Freunden: Er fotografgierte Familienfeiern, Sportveranstaltungen oder einfach Menschen bei der Arbeit. 400 Negative sind überliefert und dokumentieren die Welt der Ostjuden in Bonn.

Die antijüdischen Maßnahmen der Nationalsozialisten trafen auch die ostjüdische Bevölkerungsgruppe, zudem blieben sie Ausländer. Als 1938 der deutsch-polnische Konflikt zu eskalieren drohte, verfügte das „Dritte Reich", dass alle männlichen Erwachsenen von einem Tag zum anderen – am 28. Oktober 1938 – Deutschland zu verlassen hatten. Viele gingen nach Polen zurück. Bis Mitte 1939 folgten die übrigen Familienangehörigen. Die meisten, die dorthin gingen, sind nach Kriegsbeginn den Mordaktionen gegen die Juden im Osten zum Opfer gefallen. Abraham Sieff zum Beispiel – er selbst konnte sich nach Palästina retten – sah seine Eltern und seinen Bruder nie wieder.

Die 400 erhaltenen Fotos überliefern einen Eindruck vom Leben dieser Menschen, und sie geben vielen Ermordeten ein Gesicht.

weiterführende Literatur 23

1939-1942: Drei Fotoalben „Erinnerungen"

Die drei etwa DIN A 4 großen Fotoalben erzählen vom Kriegseinsatz des Peter Kempkens aus Bad Godesberg. Die Alben sind „Erinnerungen" betitelt. Der Soldat Kempkens begleitet als Funker im Gefechtstand Teile des Jagdgeschwaders 26. Vom Rheinland aus kommt er während des Westfeldzuges nach Belgien und Frankreich, später folgt er dem Geschwader nach Südeuropa und Nordafrika.

Zwar kann man Kempkens Weg durch den Krieg wie auch den von Teilen des Geschwaders bis Ende 1941 gut nachvollziehen, aber die Erinnerungen unterscheiden sich doch deutlich von den oben beschriebenen Tagebüchern aus dem Ersten Weltkrieg (s. S. 30, 32). In den Alben findet man vor allem eine große Anzahl von selbstaufgenommenen, von Kameraden erhaltenen oder sonst erworbenen Fotos, die vielfach durch kurze Kommentare ergänzt werden.

Dabei fallen dreierlei Arten von Fotos ins Auge: Zum einen die Fotos, die sich mit dem Leben des Jagdgeschwaders beschäftigen. Hier schimmert ein wenig Stolz mit, zu einer so hochgeschätzten Einheit dazuzugehören. Vielfach erkennt man damalige Fliegerstars wie Adolf Galland und Joachim Müncheberg, und auch NS-Prominenz ist zu sehen, die sich ebenfalls gerne mit den Fliegerassen abbilden ließ.

Zum zweiten fühlt man sich phasenweise auf einer Urlaubsfahrt durch Europa und Nordafrika. Viele Sehenswürdigkeiten sind dokumentiert. Allein 41 Fotos (acht Seiten) sind seinem Aufenthalt in Paris gewidmet. Es fehlt auch nicht das Foto eines Kameraden, das Kempkens vor dem Eiffelturm zeigt. Kempkens nahm so die Chance wahr, sich die touristischen Highlights vor Ort anzusehen.

Schließlich – dies aber weit weniger – gibt es auch Kriegsfotos: zerstörte Dörfer, flüchtende Menschen, abgestürzte Flugzeuge, Gräber.

Kempkens Alben „Erinnerungen", die möglicherweise erst nach dem Ende des Krieges zusammengestellt worden sind, zeugen von einem Krieg, der für manche Abenteuer und Sightseeingtour war.

weiterführende Literatur 35

1939-1945: Alliierte Flugblätter

Diese alliierten Flugblätter sammelte der damals 14-/ 17-jährige Heinrich Schöpe während des Krieges auf rechtsrheinischem Gebiet. Er widersetzte sich damit wissentlich der Anordnung der Polizei, die Flugblätter entweder ungelesen zu vernichten oder sie bei den Behörden abzugeben.

Flugblätter herzustellen und zu verteilen, war eine Möglichkeit, das Informationsmonopol der Nationalsozialisten zu unterlaufen. Dies galt auch innenpolitisch für den Widerstand mit der möglichen Konsequenz – wenn man aufflog – wegen „Vorbereitung zum Hochverrat" angeklagt zu werden. Auch die Alliierten versuchten, durch massenhaftes Abwerfen von Flugschriften der NS-Propaganda etwas entgegenzusetzen. Demjenigen, der sie las und sammelte, drohten Gefängnisstrafen, bei Weitergabe der Information, noch weitergehende Sanktionen.

Man schätzt, dass über den Kriegsschauplätzen Europas von den Alliierten, aber auch von Deutschen Milliarden von Flugblättern abgeworfen wurden. Die inhaltlichen Aussagen der Blätter variierten, vor allem wurden Kriegsverlauf und Kriegsverbrechen thematisiert. Das „Dritte Reich" kam dabei mitunter in Erklärungsnot und setzte dann auf Gegenpropaganda. Ob die Flugblätter die Meinungslage massiv beeinflusst haben, ist schwer zu beurteilen. Kritiker des Nationalsozialismus werden sich sicherlich bestätigt gesehen haben. Dagegen waren gläubige Nationalsozialisten mit ihrem „Führerkult", ihrem „Volksgemeinschaftsglauben" und ihrer „Siegeszuversicht" zumindest bis kurz vor Kriegsende kaum zu überzeugen.

1940: Die Demütigung der Barbara S.

Das Foto zeigt ein junges Mädchen mit abgeschnittenen Haaren und einem Schild um den Hals mit der Aufschrift: *„Ich habe mit einem polnischen Kriegsgefangenen ein Liebesverhältnis!"* Dann wurde sie durch die Straßen geführt. In dem Nachkriegsprozess beschrieb sie die Geschehnisse:

„Ich musste dann die Vorgebirgsbahn nach Bonn besteigen, immer wieder unter dem Zwang der Männer. In Bonn wurde ich ... im Zuge durch die Stadt geführt und zwar vom Rheinuferbahnhof über die Bahnhofstrasse, Poststrasse, Münsterplatz, Remigiusstrasse, und zum Marktplatz. Hier wurde ich gezwungen mich auf der Rathaustreppe aufzustellen und lästerten die Beschuldigten und deren Begleiter in der vorgenannten Weise, wie sie denn auch auf dem Zuge durch Bonn die gleichen Ausdrücke in die Straße hineinriefen. (,Polensau', ,Polenhure', H.-P. B.)"

Im vorliegenden Fall genügte allein der Verdacht, das Mädchen, Barbara S., hätte eine Liebesbeziehung mit einem polnischen Kriegsgefangenen unterhalten.

Verantwortlich für derartige Aktionen war der jeweilige Kreisleiter, organisiert wurden sie aber von den Kreispropagandaleitern, im vorliegende Fall von Otto Schmitz-Erpenbach (im Bild links neben Barbara S.).

Nach dem Krieg ermittelte man gegen ihn. Das Landgericht Bonn verurteilte ihn am 28. August 1948 wegen Freiheitsberaubung zu einem Jahr Gefängnis, wobei die Internierungshaft in Höhe von acht Monaten angerechnet wurde.

weiterführende Literatur 7

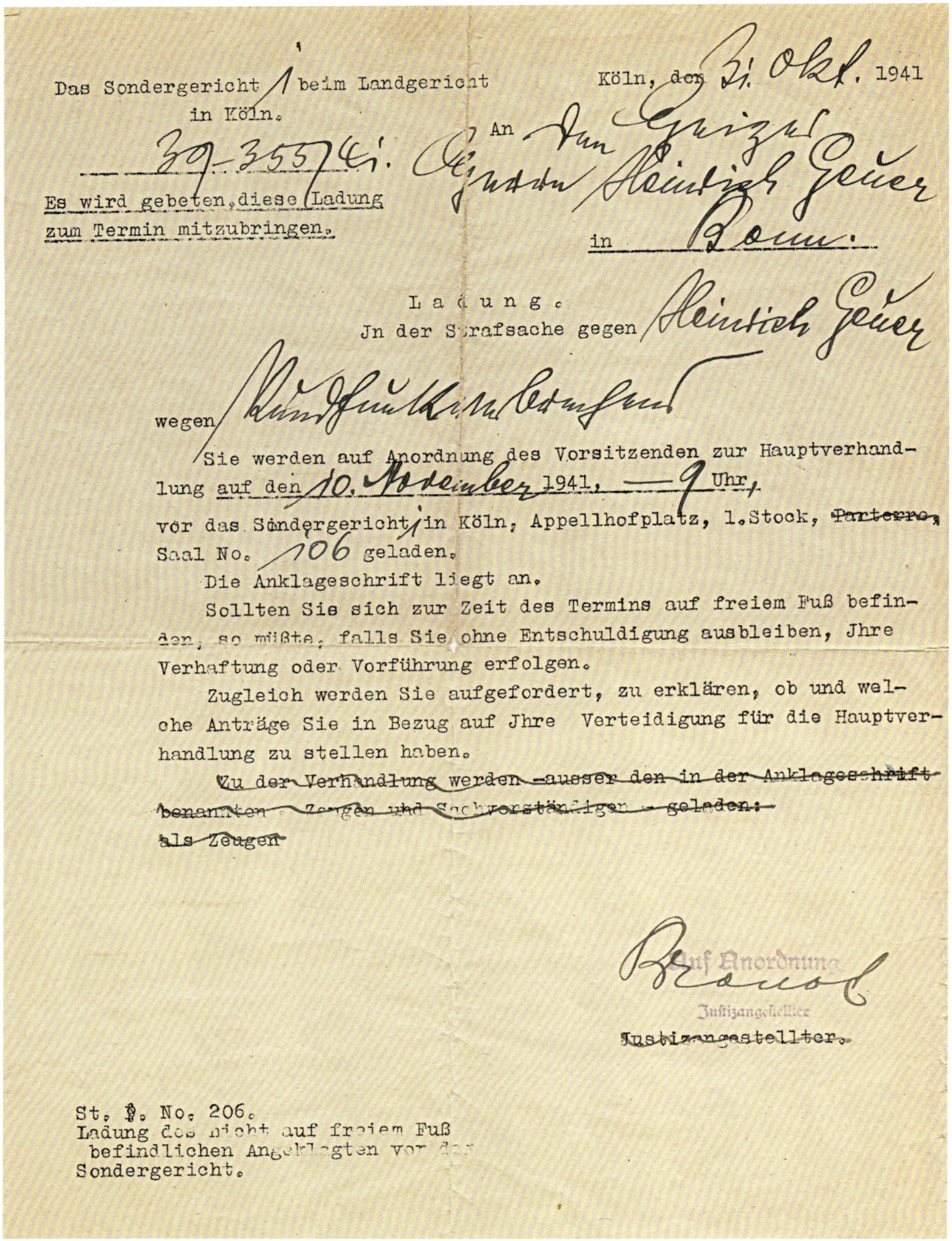

Das Sondergericht beim Landgericht in Köln.

Köln, den 31. Okt. 1941

39.355/41.

An den Gärtner Heinrich Geuer in Bonn.

Es wird gebeten, diese Ladung zum Termin mitzubringen.

Ladung.

In der Strafsache gegen Heinrich Geuer

wegen [handwritten]

Sie werden auf Anordnung des Vorsitzenden zur Hauptverhandlung auf den 10. November 1941 — 9 Uhr, vor das Sondergericht in Köln, Appellhofplatz, 1. Stock, ~~Parterre~~, Saal No. 106 geladen.

Die Anklageschrift liegt an.

Sollten Sie sich zur Zeit des Termins auf freiem Fuß befinden, so müßte, falls Sie ohne Entschuldigung ausbleiben, Ihre Verhaftung oder Vorführung erfolgen.

Zugleich werden Sie aufgefordert, zu erklären, ob und welche Anträge Sie in Bezug auf Ihre Verteidigung für die Hauptverhandlung zu stellen haben.

~~Zu der Verhandlung werden ausser den in der Anklageschrift benannten Zeugen und Sachverständigen geladen:~~
als Zeugen

Auf Anordnung
[Unterschrift]
Justizangestellter.

St. P. No. 206.
Ladung des nicht auf freiem Fuß befindlichen Angeklagten vor das Sondergericht.

1941: Vorladung des Sondergerichts Köln

Für den 10. November 1941 erhielt Heinrich Geuer vom Sondergericht Köln eine Vorladung wegen „Rundfunkverbrechens", d. h. man warf ihm das Abhören feindlicher Sender vor. Neben dem Volksgerichtshof waren die Sondergerichte eindeutig nationalsozialistisch ausgerichtetet und für fast alle Delikte zuständig, in denen es nicht um „Vorbereitung zum Hochverrat", also politischen Widerstand im engeren Sinne, ging. Für Bonn war das Sondergericht in Köln zuständig.

Die Geschichte der nationalsozialistischen Sondergerichte begann am 21. März 1933, als per Gesetz sowohl die Gerichte eingesetzt als auch ihre Zuständigkeiten geregelt wurden. Die Gerichte nahmen zunächst eher den einzelnen Kritiker und Meckerer des Regimes ins Visier, und denjenigen, der mit den neuen Staats- und Parteisymbolen Missbrauch trieb. Durch die besonderen Verfahrensvorschriften konnte das Gericht schnell und effektiv arbeiten.

1938 wurden die Zuständigkeiten der Gerichte erweitert. Praktisch konnte nunmehr der Staatsanwalt bei jeder Straftat entscheiden, ob er bei einem ordentlichen Strafgericht oder am Sondergericht Anklage erhebe. Die Folge war, dass sich der Kreis der Angeklagten enorm ausweitete: Neben rein politisch oder religiös motivierten Staatsgegnern verurteilten die Sondergerichte nunmehr vor allem auch kriminelle Personen.

Die Sondergerichte waren damit zu den wichtigsten Strafgerichten im „Dritten Reich" geworden und mutierten später im Krieg zu „Standgerichten der Heimat". Sie müssten, so meinte ein Kölner Sondergerichtsvorsitzender 1942, *„getreu den Weisungen des Obersten Gerichtsherrn, des Führers, jeden Störer des Rechtsfriedens und der inneren Front schnell und hart schlagen und notfalls aus der Volksgemeinschaft ausmerzen."*

Insgesamt 195 Bonnerinnen und Bonner wurden vom Sondergericht Köln verurteilt, u. a. wegen staatsfeindlicher Äußerungen, wegen Abhörens feindlicher Sender oder wegen einer Straftat im Zusammenhang mit der Volksschädlingsverordnung. Gegen dreizehn Bonnerinnen und Bonner sprach das Gericht ein Todesurteil aus, neun von ihnen wurden auch tatsächlich hingerichtet (s. S. 79).

Heinrich Geuer wurde damals schuldig gesprochen und zu fünf Jahren Zuchthaus verurteilt. Er überlebte die Haftzeit nicht und starb am 20. Mai 1944 an Lungentuberkulose.

weiterführende Literatur 14

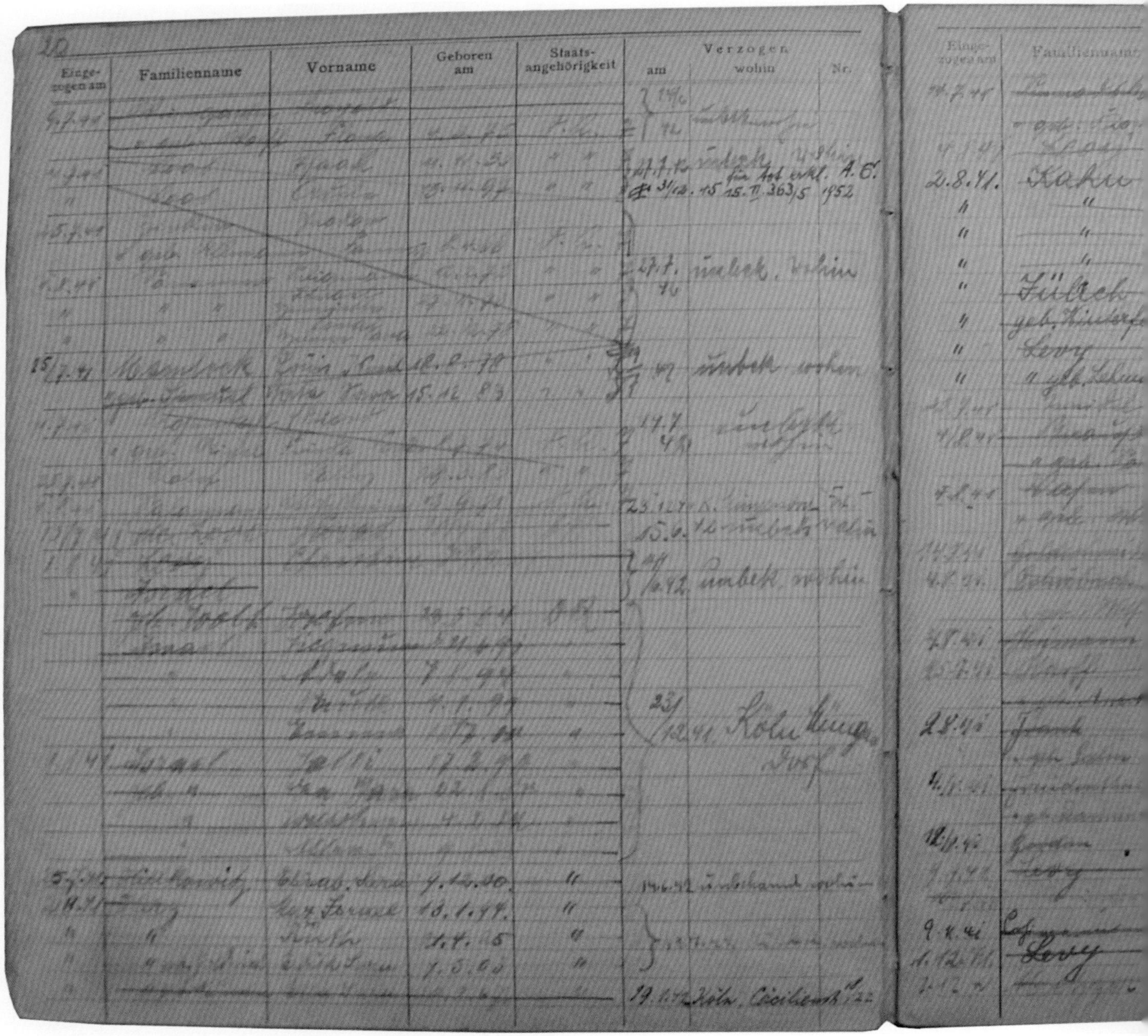
Eingezogen am
Familienname
Vorname
Geboren am
Staatsangehörigkeit
Verzogen
am
wohin
Nr.

1941 / 1942: Das Hausbuch Kappellenstraße 6

Bis zum Kriegsende führte das Einwohnermeldeamt für jede Adresse ein sogenanntes Hausbuch. Es registrierte das Datum des Einzuges, den Namen, Geburtstag, die Staatsangehörigkeit und das Datum bzw. wenn möglich unter der Rubrik „Verzogen wohin" die neue Adresse bzw. den neuen Wohnort. Ein solches Hausbuch existiert auch für die Kappellenstraße 6, die Adresse des Benediktinerinnen-Klosters „Zur Ewigen Anbetung". Dieses Kloster wurde Ende April 1941 von der Bonner Gestapo beschlagnahmt, und ab dem 18. Juni 1941 wurden alle Jüdinnen und Juden, die in Bonn und Umgebung meist in sogenannte Judenhäusern lebten, dort zwangsweise interniert.

Das Lager existierte etwas über ein Jahr und stand unter Selbstverwaltung. Das Lagerleben war beengt und reglementiert, die arbeitsfähigen Internierten mussten Zwangsarbeit leisten. Die Internierung war für viele hart, aber sie ist mit den Bedingungen in der späteren KZ-Haft nicht zu vergleichen.

Das Hausbuch registriert fein säuberlich, wie nach und nach die einzelnen Jüdinnen und Juden, meist gruppenweise, hier „einzogen". In der Rubrik „Verzogen wohin" wiederholt sich häufig die Angabe „unbekannt wohin". Hinter diesem Terminus versteckt sich die Tatsache, dass auf Anweisung der Gestapo nach und nach Transporte zusammengestellt wurden, die die Internierten mit einem Zwischenaufenthalt in Köln in das KZ Theresienstadt oder andere KZs im Osten brachten.

Insgesamt listet das Hausbuch 474 Jüdinnen und Juden auf. Man muss davon ausgehen, dass lediglich vierzehn von ihnen den Holocaust überlebten, wobei drei kurz nach der Befreiung wahrscheinlich an den Folgen der Haft starben.

weiterführende Literatur 15

1941-1944: Das Bunkerbauprogramm

Die etwa 2,00 m x 0,90 m große Bunkertür und das Foto über den Bau eines Bunkers stehen für das 1940 eilig ins Leben gerufene „Führer-Sofort-Programm" zum Bau von insgesamt 14 Hoch- Tief- und Stollenbunkern im Stadtgebiet.

Bonn sah 1940 nur wenige Bombenangriffe, aber nachdem die Luftschlacht um England gescheitert war und ein britischer Bombenangriff auf das Ruhrgebiet im Mai 1940 Schaden angerichtet hatte, wurde die Notwendigkeit offensichtlich, neben den Luftschutzräumen in privaten und öffentlichen Gebäuden auch Großbunker zu bauen. Solche Bunker entstanden zum Beispiel unter der Markthalle an der Ellerstraße und an der Theaterstraße. Das Foto gibt einen Eindruck vom Ausmaß des Baus, wobei interessanterweise bei den Ausgrabungsarbeiten 1941 ein Wahlaufruf der KPD aus der Weimarer Republik sichtbar wurde.

Die Bunkertür stammt aus dem ehemaligen Markthallenbunker, einer Anlage, die etwa 800, notfalls aber auch mehr Menschen Schutz bot. In der direkten Nachkriegszeit diente der Bunker wegen der Wohnungsnot auch als Notunterkunft. Die wuchtige zweiflügige Stollenanlage mit ihren angereihten kleinen Zimmern, in denen mintunter noch Tapeten kleben, existiert heute noch. Für den Besucher, der wegen der defekten Lichtanlagen mit Taschenlampen leuchten muss, bedrückt die herrschende Atmosphäre der tief liegenden Anlage.

weiterführende Literatur 16

1942: Prof. Hausdorffs Konsequenz

Ein erschütterndes Dokument: Dem Mathematiker und Juden Prof. Felix Hausdorff drohte die Internierung im Endenicher Kloster (s. S. 73). Um dieser Internierung zu entgehen, zog er mit seiner Frau und deren Schwester die Konsequenz und wählte den Freitod. In einem Brief vom 25. Januar 1942 an einen Freund nennt er seine Gründe (Auszüge):

„Wenn Sie diese Zeilen erhalten, haben wir drei das Problem auf andere Art gelöst – auf die Weise, von der Sie uns beständig abzubringen versucht haben. Das Gefühl der Geborgenheit, das Sie uns vorausgesagt haben, wenn wir erst einmal die Schwierigkeiten des Umzugs überwunden haben, will sich durchaus nicht einstellen, im Gegenteil:
   auch Endenich
Ist noch vielleicht das Ende nich!

Was in den letzten Monaten gegen die Juden geschehen ist, erweckt begründete Angst, dass man uns einen für uns erträglichen Zustand nicht mehr erleben lassen wird.
…
Verzeihen Sie, dass wir Ihnen über den Tod hinaus noch Mühe verursachen; ich bin überzeugt, dass Sie tun, was Sie tun <u>können</u> (und was vielleicht nicht sehr viel ist). Verzeihen Sie uns auch unsere Desertion! Wir wünschen Ihnen und allen unseren Freunden, noch bessere Zeiten zu erleben.

Ihr treu ergebener

Felix Hausdorff"

weiterführende Literatur 36

1942: Zwangsarbeiterinnen der Fa. Soennecken

Das Foto zeigt junge Frauen in ihrer Unterkunft, einem Saal einer Gastwirtschaft in der Nähe ihres Arbeitsplatzes bei der Fa. Soennecken in Poppelsdorf.

Mit Ausbruch des Zweiten Weltkriegs kam eine immer größer werdende Anzahl von Zwangsarbeiterinnen und Zwangsarbeitern zum Arbeitseinsatz ins Deutsche Reich. Sie sollten den Arbeitskräftemangel ausgleichen. Die aus den verschiedenen Staaten kommenden Menschen wurden unterschiedlich behandelt, besonders schwer hatten es polnische und sowjetische Arbeiterinnen und Arbeiter, stufte man sie doch als rassisch minderwertig ein.

Ab 1942 setzte auch die Firma Soennecken etwa sechzig junge Ukrainerinnen als sogenannte Ostarbeiterinnen ein. Sie kamen aus der Gegend um Artemovsk. Von ihren Familien weggerissen, fanden sie nach einer Kräfte raubenden Bahnfahrt Unterkunft in zwei Lagern in der Nähe der Fabrik. Zunächst waren sie mit der Papierverarbeitung beschäftigt, später hatten sie Hülsen für Zünder herzustellen. In abwechselnden Früh- und Spätschichten arbeiteten sie 10 bis 12 Stunden am Tag. Die wenigen vorhandenen Zeitzeuginnenberichte sprechen von einer harten Behandlung, insbesondere in den Lagern: Bei Fehlverhalten gab es Schläge und Sanktionen, wie etwa Lohnkürzungen und Nahrungsmittelentzug, weshalb einige der jungen Frauen zu flüchten versuchten. Allerdings gab es auch mitunter Hilfe und Unterstützung von Deutschen. Von einer Arbeiterin, der 21-jährigen Nina Baryschnikowa, ist dokumentiert, dass sie bei einem Arbeitsunfall durch einen Stromschlag ums Leben kam. Sie wurde auf dem Bonner Nordfriedhof beerdigt.

Neben diesen Fotos sind weitere Fotos überliefert. Die Ukrainerinnen hatten sie einem deutschen Jungen geschenkt, auf der Rückseite notierten sie mitunter auf Kyrillisch ihre Heimatadressen. Die Fotos gelangten zur Bonner Gedenkstätte, die nach über 40 Jahren der Anwesenheit der jungen Frauen in Bonn den Versuch startete, Kontakt aufzunehmen. In zwei Fällen kamen tatsächlich Antworten.

weiterführende Literatur 17

1943: Friesdorf, 17. April 1943

Das Foto ist ein Bestandteil einer Serie, die – und dies ist eher selten – ganz konkret die chaotische Situation nach einem Luftangriff einfängt. Menschen werden gezeigt, wie sie ihre Habseligkeiten zusammensuchen. Offizielle begutachten die Schäden, Luftschutzhelfer tun ihr Möglichstes.

Das Bonner Gebiet war bis dato von größeren Luftangriffen verschont geblieben, obwohl die Sirenen immer wieder heulten. Dann kam die Nacht zum 17. April 1943. Die Bewohner der Friesdorfer Klufterstraße hatten nur zehn Minuten Zeit, sich in Sicherheit zu bringen, dann detonierte eine Minenbombe inmitten der Siedlung. Die Detonation zerstörte 17 Häuser und beschädigte zehn weitere schwer. 25 Menschen starben, 27 wurden zum Teil schwer verletzt, unter ihnen eine Frau, die später im Krankenhaus ihren Verletzungen erlag. Der Bombenkrieg war auch in Bonn angekommen und wird bis zum Kriegsende noch viele weitere Opfer kosten.

weiterführende Literatur 16

Bekanntmachung

Am 5. März 1943 ist die

Gertrud Schmitz
geb. Assemacher

aus Bonn hingerichtet worden, die das Sondergericht in Köln als Gewaltverbrecherin wegen Mordes zum Tode verurteilt hat.

Sie hatte ihren schlafenden Ehemann durch mehrere Beilhiebe ermordet.

Köln, den 5. März 1943.

Der Oberstaatsanwalt

als Leiter der Anklagebehörde bei dem Sondergericht.

Druck M. DuMont Schauberg, Köln

1943: „Bekanntmachung"

Die 43-jährige Gertrud Schmitz wurde als Gewaltverbrecherin wegen Mordes an ihrem Ehemann vom Sondergericht Köln zum Tode verurteilt und hingerichtet.

Insgesamt wurden zwischen 1900 und 1945 mindestens 42 Männer und Frauen, die in Bonn geboren waren oder hier lebten, hingerichtet. Mindestens weitere 14 Personen wurden zwar auch zum Tode verurteilt, aber aus unterschiedlichen Gründen nicht hingerichtet.

Die meisten zum Tode Verurteilten hatten eine schwere kriminelle Tat – etwa Raub oder Mord – begangen. Allerdings wuchs die Zahl der Verurteilten aufgrund der weiter gefassten Gesetzgebung während der NS-Zeit erheblich an. Jetzt kamen auch andere Delikte zur Aburteilung – etwa Kindesentführung und Fahnenflucht.

Ein besonders trauriges Kapitel sind die Hinrichtungen von mindestens 26 Fremdarbeiterinnen und Fremdarbeitern durch die Gestapo Bonn oder anderer Kommandos. Ihnen wurde „Geschlechtsverkehr mit einer deutschen Frau", „tätlicher Angriff gegen einen Deutschen" oder „Plündern" vorgeworfen.

Wegen der insbesondere in der NS-Zeit ausufernden Anwendung der Todesstrafe zog das Bonner Grundgesetz die Konsequenz: „Die Todesstrafe ist abgeschafft" (Art. 102 Grundgesetz).

weiterführende Literatur 14 und 17

1944: 18. Oktober – Bonn fällt in Schutt und Asche

Trostloser Blick vom Hofgarten auf die Universität kurz nach dem 18. Oktober 1944. An diesem Tag zerstörte ein britischer Bombenangriff große Teile der Bonner Altstadt, mehr als 400 Menschen starben, etwa 1.000 wurden verletzt. Man zählte 20.000 Obdachlose. Unter den 700 völlig zerstörten Gebäuden befanden sich auch das Stadttheater, das Rathaus und die Beethovenhalle, mehrere Schulgebäude und Kirchen.

Dabei gehörte dieser Angriff nicht einmal zur alliierten Strategie des „moral bombing", das Bombardieren von Städten, um die Moral der Bevölkerung zu brechen. Ein neues Navigationssystem sollte ausprobiert werden, das erlaubte, tagsüber – ohne Sichtkontakt – ein Ziel genau treffen zu können. Dies bedeutete, dass vor allem die Bomber und deren Piloten vor der Flak geschützt waren. Um es zu erproben, mussten dreierlei Bedingungen erfüllt sein:

Erstens musste es bewölkt sein, damit die Bomberbesatzungen wirklich keinen Sichtkontakt zum Ziel hatten und nicht „mogeln" konnten.

Zweitens musste das Zielobjekt, da die Reichweite des Systems begrenzt war, im Westen des Deutschen Reichs liegen.

Drittens sollte das Zielobjekt noch möglichst wenig zerstört sein, um die Auswirkungen und die Treffergenauigkeit beurteilen zu können.

Bonn lag im Westen und war noch relativ unzerstört. Man musste nur noch schlechtes Wetter, eine Wolkendecke abwarten. Die Meteorologen sagten dies für den 18. Oktober voraus, und so starteten an diesem Tage 128 Bomber vom Typ „Lancaster" von Westengland aus. Man wird dieses schon jetzt betonen können: Aus der Sicht der Briten wird der Angriff ein Misserfolg werden, Panne reihte sich an Panne. Dies begann bereits damit, dass ein Wetterflugzeug schon früh meldete, die Wolkendecke über Bonn reiße auf. Eine der Hauptvoraussetzung des Angriffes war damit nicht mehr gegeben. Aus unerfindlichen Gründen wurde der Angriff aber nicht gestoppt. Die Pannenserie ging weiter. Einige Bomber fanden ihre Führungsflugzeuge nicht, sie schlossen sich anderen an. Bei einigen Führungsflugzeugen fiel das neuartige Navigationssystem aus, so dass der Bordnavigator nach alter Art das Flugzeug übernahm, was nicht selten zu Kursabweichungen führte. Kurzum: Als die Bomber bei Cochem wendeten und in Richtung Bonn steuerten, folgten die wenigsten Flugzeuge dem gewünschten Kurs von Südwest auf Bonn zu, sondern drifteten Kilometer weit ab. Die meisten Piloten schalteten daraufhin auf Sichtflug um.

Bonn traf es gegen 11 Uhr hart: Jeder der Bomber hatte eine Bombenlast von ca. fünf Tonnen abgeworfen, eine Mischung aus Minen-, Spreng-, Phosphor- und Brandbomben, die in ihrem Zusammenwirken entsetzliche Auswirkungen hatte.

weiterführende Literatur 16

Direkte Nachkriegszeit

1945:	Ein GI vor der zerstörten Brücke und das Beethoven-Denkmal in der Trümmerlandschaft
1945:	Eine GI-Uniform – Die Amerikaner besetzen Bonn
1945:	Brückenmännchen und Brückenweibchen
1945/ 1946:	Das „Hoheitszeichen"
1946-1956:	Ein altes Telefon – Wiederaufbau der Altstadt
1948:	Plakat zur Währungsreform
1948:	Der Parlamentarische Rat
1949:	Eine Handwahlurne aus dem Bundestag
1949:	Bundeshauptstadt Bonn – „Ein Sieg der Vernunft"

1945: Ein GI vor der zerstörten Brücke und das Beethoven-Denkmal in der Trümmerlandschaft

Für Bad Godesberg, Bonn und Beuel ist der Krieg am 8., 9. und 20. März 1945 durch die Besetzung amerikanischer Truppen vorbei. Die beide Fotos fangen Momente dieser Märztage ein: Ein GI betrachtet die von deutschen Soldaten gesprengte Brücke, das Beethoven-Denkmal bleibt wie ein Wunder unbeschädigt, obwohl der ganze Münsterplatz eine einzige Trümmerlandschaft darstellt.

Zeit für eine Bilanz: Neben den fast nicht zu beziffernden materiellen

Schäden stellten die Standesämter Bonns, Bad Godesbergs und Beuels 1.564, 173 und 167 Personen fest, die bei Luftangriffen ums Leben gekommen sind. Dazu kommen noch etwa 100 Personen, die damals in Ortschaften des Landkreises Bonn lebten, welche neben Bad Godesberg und Beuel 1969 eingemeindet wurden. Die Zahl der leicht oder schwer Verletzten sowie die der durch die Bombennächte traumatisierten Menschen ist nicht abzuschätzen. Eine *„Bilanz des Krieges"* zieht auch der Verwaltungsbericht der Jahre 1945 bis 1950 über *„Opfer des Faschismus"*, *„Kriegsverluste der Bonner Bevölkerung"*, *„Heimkehrer"* und *„Gebäudezerstörung"*. Insbesondere die Zahl der *„Opfer des Faschismus"* ist allerdings überholt und zu niedrig.

weiterführende Literatur 16

1945: Eine GI-Uniform – Die Amerikaner besetzen Bonn

Die ersten alliierten Soldaten, die am 7. März 1945 den Großraum Bonn betraten, waren amerikanische Soldaten in GI-Uniformen. Es war vor allem das 16. US-Infanterie Regiment (der 1. Inf.-Division), das von Norden auf die Stadt zumarschierte.

Dabei wählte man eine Überraschungstaktik. Nicht wie sonst bei größeren Städten wie Bonn üblich, bereiteten weder Artilleriefeuer noch ein Luftschlag den Angriff vor, sondern man entschied sich dafür, möglichst wenig zu feuern, um den in Bonn existierenden Widerstand zu überraschen. Die Taktik gelang, es kam sogar zu kuriosen Szenen, dass deutsche und amerikanische Soldaten zeitweise dicht aneinander marschierten. Am Mittag des 8. März kam es zu einigen Kampfhandlungen, deutscherseits entschied man jedoch, sich allmählich aus der Stadt zurückzuziehen. Insbesondere verzichtete man darauf, den Windeckbunker mit seinen etwa 5.000 Insassen zu verteidigen. Zahlreiche deutsche Soldaten konnten sich noch über die Rheinbrücke zurückziehen, die dann um 20.20 Uhr von deutschen Pionieren gesprengt wurde. Die Stadt war damit von den Deutschen aufgegeben worden. Von der Beueler Rheinseite feuerte aber immer wieder Artillerie-Beschuss nach Bonn hinüber. Am 9. März um 9 Uhr übergab die Verwaltung die Stadt den Amerikanern. 72 Stunden nach dem Angriffsbefehl war Bonn ganz besetzt. Bad Godesberg war schon am 8. besetzt worden, Beuel folgte am 20. März.

Entsprechend der Größe der Stadt blieben wegen der amerikanischen Taktik die Verluste gering. Zwar fielen Dutzende deutsche Soldaten, aber es wurden vor allem Gefangene gemacht: 1.700. Den Amerikanern kostete die Besetzung Bonns sechs Tote, 51 Verwundete und drei Vermisste.

1945: Brückenmännchen und Brückenweibchen

Fragt man den informierten Historiker nach den Wahrzeichen Bonns, so wird er sicherlich nicht das „Altes Rathaus", das „Münster" oder das „Beethoven-Denkmal" nennen. Für ihn stehen an erster Stelle das Brückenmännchen und das Brückenweibchen.

Kurz zum Hintergrund: Unter dem reichen Schmuck der alten Bonner Rheinbrücke befanden sich an der Ostseite des Beueler Portals diese beiden Figuren, die anscheinend miteinander kommunizierten. Während das Brückenmännchen sein Hinterteil gegen Beuel ausstreckte, um den Unmut Bonns auszudrücken, dass Beuel sich nicht an den Kosten des Brückenbaus beteiligt hatte, wandte sich das mürrische, schimpfende und mit dem Pantoffel drohende Brückenweibchen gegen ihren Widerpart. Beide Figuren stehen somit als humoristische Symbole für das Verhältnis Bonns und Beuels im Finanzierungsstreit.

Und beide existieren heute noch: Als die Brücke 1945 gesprengt wurde (s. S. 9), konnten die Figuren gerettet werden. Das Brückenmännchen fand seinen Platz am Bonner Brückenpfeiler der 1949 neu errichteten Rheinbrücke, jetzt mit seinem Hinterteil nach Süden gerichtet, möglicherweise nach Frankfurt zeigend, dem Hauptkonkurrenten in der Bundeshauptstadtentscheidung (s. S. 93). Auch das Brückenweibchen tauchte 1949 auf, als das Alte Beueler Damenkomitee sein 125-Jähriges Bestehen feierte. Die wehrhafte Frau wurde nunmehr als Waschfrau definiert, auf einem Sockel am Beueler Rheinufer aufgestellt. Hinzu trat der tiefsinnige Spruch: „De Welt es e Laake, dat selvs de Beueler net wäsche könne." Dort am Rheinufer findet man sie heute noch wie auch eine Reproduktion des Brückenmännchens.

1945/1946: Das „Hoheitszeichen"

Das massive, bronzene, etwa 50 cm x 40 cm große Metallschild thronte am Ruderhaus der am 12. Dezember 1945 in Betrieb genommenen Fähre zwischen Bonn (Zweite Fährgasse) und Beuel (Ringstraße). Es handelte sich um sog. Siebelfähren, ehemalige Wehrmachtsfähren, die durch die britische Besatzung Instand gesetzt und dem zivilen Verkehr zur Verfügung gestellt wurde. Dabei zeigte der damalige britische Kommandant Major Brown Humor: Ihm gefiel die Geschichte des Bonner Brückenmännchens (s. S. 87) der jetzt zerstörten Rheinbrücke so gut, dass er dem „Hoheitszeichen" der Fähre, dem Emblem der Royal Engenineers, links und rechts Repliken der Figur beifügte. Auf der Fahrt über den Rhein zeigte das Brückenmännchen sowohl Bonn als auch Beuel den Vogel.

Am 28. Mai 1945 übernahmen britische Soldaten die Besatzung der Stadt, Stadtkommandant wurde Oberstleutnant Pirie. Bis Juni 1945 verließ ein Großteil der amerikanischen Soldaten die Stadt. Nachfolger Piries wurde Major Brown, die britische Besatzung dauerte bis Ende 1948.

Aus den Erinnerungen des zunächst ernannten, dann gewählten Oberbürgermeisters Spoelgen können wir entnehmen, dass es in dieser schweren Aufbauzeit auch darauf ankam, wie man persönlich miteinander umging. Probleme gab es mit Oberstleutnant Pirie, der deutschfeindlich eingestellt und von der Kollektivschuld der Deutschen überzeugt war. Erleichtert war Spoelgen dann, als Piries Nachfolger sich als wesentlich umgänglicher herausstellte und sich schon bald ein Vertrauensverhältnis aufbaute. Im Zusammenhang mit der Bundeshauptstadtfunktion wurde Bonn 1949 besatzungsfrei.

weiterführende Literatur 26

1946-1956: Ein altes Telefon – Wiederaufbau der Altstadt

Bei den Bauarbeiten zu den Rheinlogen neben der Oper wurden die Keller und Fundamente des im Krieg zerstörten Rheinviertels ausgegraben. Neben den baulichen Resten der Gertrudiskapelle fand man allerlei Alltagsgegenstände, die sich in den verschütteten Kellern befanden, unter anderem dieses verrostete alte Telefon. Es erinnert daran, dass das damalige Altstadtgebiet völlig neu wiederaufgebaut wurde.

Die Bonner Altstadt war vor dem Krieg geprägt von vielen engen Gassen und kleinen Straßenzügen. Der Teil am Rhein war – weil niedrig gelegen – stark vom Hochwasser gefährdet. Es waren die Bombenangriffe des Zweiten Weltkrieges, die aus diesem Gebiet einen Trümmerhaufen machte. Immer wieder versuchten die alliierten Bomber, die strategisch wichtige Rheinbrücke zu treffen, und zerstörten damit das ganze Viertel fast vollständig.

1946 stand man vor dem Problem der Enttrümmerung – und des Wiederaufbaus. Die Städteplaner ließen sich von zwei Grundgedanken leiten: Zum einen wollte man das Gebiet verkehrsgünstiger gestalten, was gerade vor dem Hintergrund der Bundeshauptstadt-Entscheidung notwendig wurde. So änderte sich auch manche historische Straßenführung. Straßen und Gassen wurden verbreitert oder verschwanden. Wichtigstes Ergebnis war die großzügige Nord- Süd- und Ost-West-Straßenverbindung über den neu geschaffenen „Verkehrsplatz", der 1949 nach der Friedensnobelpreisträgerin Bertha von Suttner benannt wurde.

Zum zweiten nutzten die Stadtplaner die „Gelegenheit", das Gebiet am Rhein höherzulegen, um es für Hochwasser weniger anfällig zu machen. Für diese Höherlegung nutzte man die Trümmermassen, die beseitigt werden mussten. Und mit ihnen verschwand das alte Telefon im Schutt.

1948: Plakat zur Währungsreform

Das DIN A 1 große Plakat wurde wahrscheinlich in der Nacht vom 19. auf dem 20. Juni überall im Bonner Stadtgebiet aufgehängt, denn erst kurz zuvor wurde das Geheimnis des „Tages X" – der Geld-Neuordnung – bekanntgegeben. Es zeigt die über 100 Zahlstellen, in denen die Bürgerinnen und Bürger gegen 60 alte Reichsmark (RM) neue 40 Deutsche Mark (DM) erhalten konnten.

Die Währungsreform war eine Sache der Militärregierung der westlichen Zonen Deutschlands, von den deutschen Kommunen durchgeführt. Dabei mussten zahlreiche große organisatorische Hürden genommen werden. Neben der Einrichtung der Zahlstellen mit ihren Kassenschaltern brauchte man am fraglichen Tag über 2.000 Dienst- und Hilfskräfte: Verwaltungs- und Kassenkräfte, Polizisten, Kraftfahrer und Küchenpersonal. Zuvor zählte man das Geld – insgesamt 4.722.000 DM –, ein jeder Kassierer erhielt etwa 25.000 bis 30.000 DM, was allein fünf Stunden dauerte. Am Morgen brachten Kraftfahrer das Geld und sonstige Unterlagen unter Polizeiaufsicht zu den Zahlstellen. Am Sonntag, 20. Juni, pünktlich um acht Uhr begann die Auszahlung. „Die Abwicklung der ‚Währungstage' ist in Bonn besonders gut gewesen. Sie wurde später von zentralen Stellen als mustergültig bezeichnet" (Verwaltungsbericht 1945-1950).

weiterführende Literatur 28

1948: Der Parlamentarische Rat

Die Lampe ist ein letztes Überbleibsel aus der Zeit, in dem das Museum Koenig Räume und Zimmer im Zuge der Bundeshautstadtwerdung zur Verfügung stellte. Das hier aufgeschlagene Bundesgesetzblatt zeigt das Grundgesetz, welches vom Parlamentarischen Rat am 8. Mai 1949 beschlossen wurde.

Nachdem die Ministerpräsidenten von den drei Westalliierten aufgefordert worden waren, eine verfassungsgebende Versammlung einzuberufen, begann die Suche nach dem passenden Ort. Für Bonn sprach, dass mit dem Museum Koenig und der Pädagogische Akademie Häuser zur Verfügung standen, die man nach einem Umbau hierfür nutzen konnte. Die Ministerpräsidenten wählten schließlich Bonn als vorläufigen Parlamentssitz, und so kam es am 1. September 1948 zur feierlichen Eröffnung des Parlamentarischen Rates im Museum Koenig.

Bis Mai 1949 tagte der Parlamentarische Rat in Bonn und versuchte in zum Teil emotionsgeladenen Debatten, die Lehren aus der jüngsten deutschen Geschichte zu ziehen. Am 8. Mai – bewusst vier Jahre nach Beendigung des Zweiten Weltkriegs – nahm das Gremium den Entwurf des Grundgesetztes an und verkündete es am 23. Mai. An diesem Tag trat es auch in Kraft.

Räumlichkeiten des Museum Koenig nutzte man weiterhin für Bundeszwecke. So zog zum Beispiel am 16. September – einen Tag nach seiner Wahl – Bundeskanzler Adenauer für wenige Wochen ins Museum und hielt dort Kabinettssitzungen ab. Noch bis 1957 waren Räume mit Bundesbediensteten belegt.

weiterführende Literatur 31

1949: Eine Handwahlurne aus dem Bundestag

Die kleine, etwa 18 cm große würfelförmige Handwahlurne steht für die drei wichtigen Personalentscheidungen des Bundestages bzw. der Bundesversammlung im September 1949. All das fand in dem noch sehr provisorisch eingerichteten Bundestagsgebäude statt.

Nachdem am Nachmittag des 7. September die konstituierende Sitzung des ersten deutschen Bundestags vom Alterspräsidenten Paul Löbe eröffnet worden war, wählte das Parlament mit großer Mehrheit den CDU-Abgeordneten Erich Köhler zum ersten Bundestagspräsidenten.

Am 12. September folgte durch die Bundesversammlung die Wahl des Bundespräsidenten. Gegenkandidat war der SPD-Abgeordneter Kurt Schumacher. Der favorisierte FDP-Politiker Heuss benötigte zwei Abstimmungen zur Wahl. Anschließend begab er sich in die Bonner Innenstadt und hielt vor etwa 30.000 begeisterten Menschen eine Ansprache auf der Rathaustreppe.

Schließlich folgte am 15. September die Wahl des Bundeskanzlers Adenauer. Dabei erhielt der Kandidat 202 Stimmen, also die gerade notwenige absolute Mehrheit (mit mehr als die Hälfte) der 402 Bundestagsabgeordneten. Am nächsten Tag empfing er vom Bundespräsidenten seine Ernennungsurkunde, es folgte die Amtsaufnahme im Museum Koenig.

weiterführende Literatur 22

1949: Bundeshauptstadt Bonn: „Ein Sieg der Vernunft"

Der General-Anzeiger ist aufgeschlagen mit der Titelseite vom 4. November 1949, und er berichtet dort über die einen Tag zuvor vom Bundestag ergangene Entscheidung, Bonn und nicht Frankfurt als provisorische Bundeshautstadt festzulegen. Dabei mussten die Bundestagsabgeordneten, wenn sie Bonn wollten, mit „Nein" stimmen, denn die Alternative hieß: Sollen die jetzigen Bundesorgane nach Frankfurt verlegt werden oder in Bonn bleiben. 176 stimmten mit „Ja", 200 mit „Nein".

Wie es zu diesem Ergebnis gekommen ist, ist schwer zu ergründen. Wahrscheinlich spielt eine Vielzahl von Überlegungen eine Rolle. Sicherlich wollte der gewählte Bundeskanzler Adenauer in heimischen Gefilden bleiben und nicht ins unruhige sozialdemokratische Frankfurt ziehen. Zahlreiche der vielen Abgeordneten aus Nordrhein-Westfalen, auch sozialdemokratische, waren für Bonn. Ob Stimmen gekauft wurden, konnte bis dato nicht geklärt werden. Ein gewichtiges Argument war sicherlich, dass mit Bonn der provisorische Charakter mehr betont wurde, als mit Frankfurt und seiner Paulskirchen-Tradition. Nicht umsonst wählte die SPD für ihre Geschäftsstelle Baracken aus, mit denen man von heute auf morgen umziehen konnte.

Vielleicht führten aber auch finanzielle Überlegungen zum „Sieg der Vernunft". Dies sah allerdings auch der Frankfurter Oberbürgermeister Kolb so, hätte Frankfurt gewonnen. In einer nichtgehaltenen Rundfunkrede wollte er sagen: „Nun aber hat die Vernunft gesiegt" – Walter Kolb war im Übrigen in Bonn geboren und wohnte lange Zeit hier.

weiterführende Literatur 22

1950er bis 1990er Jahre

1950:	Die erste Großdemonstration in der neuen Bundeshauptstadt
1950:	Schaffneruniform aus den 1950er Jahren
1951:	Plittersdorf – Die Amerikaner kommen
1952:	Erster „Tag des Baumes"
1953:	„Keine Angst vor großen Tieren"
1956:	Die Kessenicher Friedenslinde
1956:	Die Schmuckplatte über dem Grundstein der Beethovenhalle
1957:	Weiberfastnachtsprivilegien
1958:	Kampf der Atomgefahr
1959:	Das Godesberger Programm
1963:	Erstauflage der „Ansichten eines Clowns" von Heinrich Böll
1963/ 1965:	Die Staatsbesuche Kennedys und der Queen
1964:	„Time"-Magazine – Bonn als Bundesdorf
1967:	Kondolenzlisten zum Tode von Benno Ohnesorg
1967:	Fußgängerzone – Bonn ändert sich
1968:	„Entweder es regnet … ." – Eine Bonner Schranke
1968:	Der Hofgarten
1969:	Ortseingangsschild Bad Godesberg, Landkreis Bonn
1970:	Kleine Geschichte der linken Seite der Poststraße
1973:	Der „Rathaussturm"
1974:	Das Goldene Buch der Stadt Bonn
1975:	Der U-Bahn Bau
1977:	Das „Ewigkeitsdenkmal"
1979:	Die Blumenmädchen der Bundesgartenschau
1979:	„ … sozial, ökologisch, basisdemokratisch, gewaltfrei … "
1981:	Die Friedensdemonstrationen
1985:	Bahnsteigschild des Rheinuferbahnhofs
1986:	Ministerialpass Gero von Braunmühls
1989:	Bonn ist 2000

1950: Die erste Großdemonstration in der neuen Bundeshauptstadt

Am 10. Februar 1950 kam es zu einer Massenkundgebung, deren Teilnehmer alle mit LKW oder Taxis kamen und den Frankenplatz überfluteten.

Bonn hatte schon vielfach Demonstrationen miterlebt, etwa zu Ende der Weimarer Republik oder 1947 wegen der Ernährungslage. Aber das, was nun geschah, war für Bonn etwas Neues. Der Bundestag tagte und beriet ein Gesetz, welches diejenigen betraf, die sich draußen auf den Bonner Straßen lautstrak äußerten. Es ging um eine Benzinpreiserhöhung, und das berührte natürlich den Berufskraftfahrer. Über 3.500 schwere LKW rollten in die Stadt und blockierten den sonst üblichen Alltagsverkehr. Man wollte auf sich aufmerksam machen, und dies konnte in einer kleinen Stadt wie Bonn schnell geschehen. In der lokalen Presse war bald ein Begriff geboren: der „Druck der Straße". Diesen Druck der Straße wollen in den nächsten 50 Jahren in Bonn viele Interessengruppen aufbauen, wahrscheinlich um die 7.000 Groß- und Kleindemos werden hier stattfinden. Mit welchem Erfolg sie agierten, ist schwer abzuschätzen. Die LKW-Fahrer werden wohl zufriedener nach Hause gefahren sein, denn der Bundestag beschloss die Benzinpreiserhöhung zu mindern. Der Liter Benzin kostete nunmehr 53, der Liter Diesel 38 Pfennige. Aber es ist unwahrscheinlich, dass das Verkehrschaos die Bundestagsabgeordneten überzeugte; schwerer wog sicherlich die seit Monaten andauernde Diskussion darüber.

weiterführende Literatur 18

1950: Schaffneruniform aus den 1950er Jahren

Die etwa zwei Meter hohe Schaufensterpuppe trägt eine Uniform eines Schaffners der Bonner Straßenbahnen, so wie sie bis Anfang der 1970er Jahre üblich war. An der Mütze und am Oberarm erkennt man das bis 1969 gültige Wappen der Stadt Bonn. Die Kragenspiegel mit Rad weisen ihn als Bahnschaffner aus.

Der Schaffner – im Krieg gab es vermehrt auch Schaffnerinnen – hatte vielfältige Aufgaben. Vor allem oblag es ihm, die Fahrscheine zu verkaufen. Dies konnte er tun, indem er durch den Waggon ging. In einigen Straßenbahnen gab es auch fest installierte Schaffnersitze, an denen die Fahrgäste vorbeigehen mussten. Dann achtete der Schaffner auch auf die Sicherheit der Passagiere, etwa beim Einsteigen. Des Weiteren musste er, wenn nötig, Weichen stellen. Schließlich gab er mithilfe der Schaffnerglocke für den Fahrer das Signal für die Abfahrt.

In den frühen 1950er Jahren gab es in Bonn noch vier städtische Bahnlinien: Die Linie 1 von Dottendorf über den Hauptbahnhof nach Rheindorf; die Linie 2 von der Argelanderstraße über den Hauptbahnhof zum Beueler Bahnhof; die Linie 3 von der Endenicher Straße über den Hauptbahnhof zur Rheindorfer Straße; schließlich die Linie 4 vom Hauptbahnhof nach Poppelsdorf. Während die Linien 3 und 4 1955 bzw. 1953 stillgelegt wurden, fahren die Linien 1 und 2 als Linien 61 und 62 noch heute, allerdings weitreichend verlängert.

weiterführende Literatur 38

1951: Plittersdorf – Die Amerikaner kommen

Am 1. Juni 1951 feiern Vertreter der US-Hohen-Kommission, der Bundesrepublik Deutschland und der Stadt Bad Godesberg Richtfest in Plittersdorf, dem zukünftigen amerikanischen Stadtviertel. Es war ein Fest für etwa 6.000 Arbeiterinnen und Arbeiter, denn außer der US-Siedlung wurde zeitgleich die Deichmannsaue für die Hohe Kommission ausgebaut und es entstanden Wohnungen im Tannenbusch und Bad Godesberg für die deutschen Zivilangestellten der US-Behörde.

Das Projekt hat eine Geschichte: Der Hohe Kommissar McCloy residierte in Bad Homburg. Wegen verschiedener Anlässe musste immer wieder nach Bonn gependelt werden, was mit der Zeit aufwendig wurde. Auch fehlte die Nähe zur Politikbühne. Die Amerikaner entwickelten daraufhin Pläne zum Umzug. Nach anfänglichem Widerstand der Stadt Godesberg, die unkalkulierbare Folgen eines solchen Massenzuzuges befürchtete – man ging von 1.000 Amerikanern und 2.000 Zivilangestellten aus –, intervenierte der Bundeskanzler. Da sich die Amerikaner großzügig zeigten und auch die Bundesregierung Unterstützung zusagte, konnte Anfang Februar 1951 der Grundstein gelegt werden. In kaum zu glaubendem Tempo wurden die Projekte hochgezogen. Und so konnten noch vor Wintereinbruch 1951 560 US-Angestellte mit ihren 430 Angehörigen und die 618 deutschen Mitarbeiter mit ihren 916 Angehörigen innerhalb von 18 Tagen nach Bonn umziehen.

In Plittersdorf war ein kleines amerikanisches Dorf mit gut ausgestatteten Wohnungen entstanden. Die Ringstraßen wurden nach Friedrich Wilhelm von Steuben und Christoph Kolumbus benannt. Vor den Reihenhäusern parkten nunmehr US-Straßenkreuzer. Es gab ein Einkaufszentrum, ein Kino, eine Schule und einen Kindergarten. 1952 folgte noch eine Kirche für alle Religionsgemeinschaften. Der Kritik, man wohne nunmehr in einem „Goldenen Ghetto", hielt man stand.

weiterführende Literatur 33

1952: Erster „Tag des Baumes"

25. April 1952: Bundespräsident Theodor Heuss lässt im Beisein von Bundesinnenminister Robert Lehr, der gleichzeitig erster Präsident der Schutzgemeinschaft Deutscher Wald war, und unter tatkräftiger Mithilfe zweier Schüler der Münsterschule im Hofgarten einen Ahorn pflanzen. Damit begründete er die bis heute andauernde Tradition dieser Pflanzung, um an die Bedeutung des Baumes bzw. des Waldes zu erinnern. Die Tradition stammte aus den USA und wird jährlich im April begangen. Der Ahorn steht auch heute noch an seinem Platz.

Bei der damaligen Pflanzung spielten die großen Baumverluste im Zweiten Weltkrieg, aber auch die Notabholzungen in der direkten Nachkriegszeit, eine bedeutende Rolle. Für Bonn ging die Stadtverwaltung davon aus, dass etwa ein Sechstel aller Straßenbäume die Zeit nicht überlebt hatte. In städtischen Waldanlagen war durch Brennstoffnot fast der gesamte Baumbestand gefällt worden. Nach den harten Wintern 1945/1946 und 1946/1947 waren Kaiserpark und Venusberg fast zu Kahlschlägen geworden.

1953: „Keine Angst vor großen Tieren"

1953 kam in der Bundesrepublik die Filmkomödie „Keine Angst vor großen Tieren" mit deutscher Starbesetzung in die Kinos. Ein kleiner, mutloser Angestellter fasst im Zirkus wieder Mut und Lebensfreude, als er einen plötzlich auftauchenden Löwen bändigen kann. Auch der Fotograf dieses Fotos bewies Mut, als er auf die „großen Tiere" Bundeskanzler Adenauer und Staatssekretär Hallstein traf, wobei ihm ein trefflicher Schnappschuss gelang.

Das Kino ist im Übrigen das Gangolf, das erst im Oktober 1950 wieder eröffnete. Es steht für die nach dem Krieg sich wiedererholende Kinowelt in Bonn mit Metropol, Modernes Theater, Stern-Lichtspiele, Apollo und weiteren mindestens acht Kinos in den verschiedenen Stadtteilen. Ergänzt wurde die reiche Kino-Welt in Bonn dann noch am 15. Januar 1954 durch das WoKi – einem Wochenschaukino mit Kurzfilmen.

In den ehemaligen Kinos Gangolf, Metropol, Modernes Theater, WoKi und Apollo befinden sich heute ein Biomarkt, eine Buchhandlung, eine Parfümerie, eine Bank, das Apollo musste dem Stadthaus weichen. Einzig die Stern-Lichtspiele sind noch am Platz.

1956: Die Kessenicher Friedenslinde

Eine schöne Linde inmitten eines Rondells oberhalb von Kessenich, nahe dem Friedhof; das Foto wurde 2010 aufgenommen. Mit dem Baum verbindet sich eine besondere Geschichte:

Gar nicht selten wurden in Deutschland nach dem Sieg gegen Frankreich 1870/ 1871 sogenannte Friedenslinden gepflanzt, um zum einen der Gefallenen zu gedenken, zum anderen aber auch der Hoffnung Ausdruck zu verleihen, dass es nie wieder Krieg gebe. So auch hier in Kessenich, wo 1871 eine Linde gepflanzt wurde. Vier Kessenicher waren gefallen.

Die Hoffnung auf Frieden währte 43 Jahre, als ein noch schrecklicherer Krieg ausbrach, aus dem knapp 300 Kessenicher nicht mehr wieder heimkehrten. Daraufhin beschloss man, den Gefallenen ein Ehrenmal zu errichten. Der Platz war schnell gefunden: Es wurde um die Friedenslinde herum errichtet. Am 1. Mai 1926 weihte man das Säulenrondell, auf dem die Namen der Gefallenen gemeißelt wurden, feierlich ein.

Nur gut dreizehn Jahre vergingen, da sah die Friedenslinde einen weiteren Krieg, der für sie persönlich durch Bomben weit lebensbedrohlicher wurde. Mit Glück überlebte sie, nicht so 490 Kessenicher Soldaten. Das Ehrenmal wurde um die Namen dieser Soldaten ergänzt und am 25. August 1956 feierlich ein zweites Mal eingeweiht.

Die Linde war jetzt über 80 Jahre alt und begann allmählich zu kränkeln. 30 Jahre später wurde sie dann doch – indirektes – Opfer der Kriege. Das Gartenamt meinte, dass die *„künstliche Bewässerung des Baumes nötig [sei], weil er kaum einen natürlichen Lebensraum habe. Er werde durch die Fundamente des Denkmals, die einen Durchmesser von rund 2,50 Metern haben, eng eingegrenzt."*

Der Baum erholte sich und steht noch heute dort. Man kann nur hoffen, dass in Zukunft kein weiterer Name eines Gefallenen aus Kessenich ergänzt werden muss.

1956: Die Schmuckplatte über dem Grundstein der Beethovenhalle

Die massive, etwa 1,00 m x 0,80 m bronzene Schmuckplatte bedeckte den Grundstein, der am 16. März 1956 durch Bundespräsident Heuss gelegt wurde. Außerdem schmückt die Platte noch eine Melodielinie aus Beethovens Ode an die Freude. Dem Grundstein ist noch eine Urne beigelegt mit Erde vom Grab Beethovens in Wien.

Die 1959 eingeweihte Beethovenhalle – Bonns dritter – ist ein Kind der 1950er Jahre. Sie liegt oberhalb des Rheins, auf dem Gebiet, wo vor 1945 Kliniken gestanden hatten. Der Bau wirkt für eine Veranstaltungshalle eher bescheiden. Sie diente von Beginn an als multifunktionaler Veranstaltungsort. Ihre wichtigste Aufgabe war sicherlich die Pflege der Musik Ludwig van Beethovens, das Bonner Beethoven-Orchester ist hier regelmäßig zu sehen. Aber auch für andere Großveranstaltungen wie Parteitage und andere politische Treffen wurde sie genutzt. Abiturabschlussbälle, aber auch Trauerfeiern konnte man hier sehen, 1998 die Wehrmachtsausstellung. Immer wenn eine große Menschenmenge einen Veranstaltungsort suchte, kam die Beethovenhalle in Betracht.

Eine gewisse Bedeutung bekam sie zudem als Halle der Bundesrepublik: Von 1974 bis 1989 fand hier vier Mal die Bundesversammlung statt, um den Bundespräsidenten zu wählen.

weiterführende Literatur 25

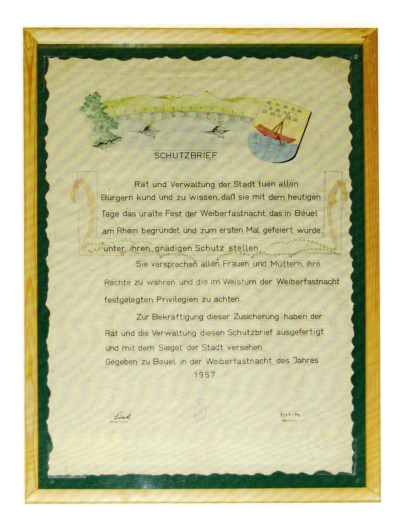

1957: Weiberfastnachtsprivilegien

Der Schutzbrief ist etwas Besonderes, stellte er doch das Treiben, Tun und die Bräuche der Frauen an Weiberfastnacht unter Schutz. Ob man ihn augenzwinkernd, mit karnevalistischem Humor oder doch ein wenig rechtlich verbindlich ausstellte, ist nicht mehr zu ergründen. Immerhin hatten ihn der damalige Beueler Bürgermeister Link und Stadtdirektor Brock unterschrieben.

Mit Recht können die Beuelerinnen stolz sein auf die lange Tradition der Weiberfastnacht, die von Anfang an – sie entstand um 1824 – einen emanzipatorischen Charakter besaß. Die Initiatorinnen, damals viele Beueler Wäscherinnen, bildeten ein Komitee; in Sitzungen mit humorvollen Reden und bloßstellenden Theaterstücken wurde immer wieder die Männerwelt aufs Korn genommen. Später folgten Festzüge und weitere Aktionen. Seit 1957 wurde der Sturm auf das Rathaus mit Belagerung, Kampf und Schlüsselübergabe praktiziert. Vielleicht hatte man gerade diese „Machtübername" bei der Ausstellung des Schutzbriefes im Auge. Seit 1958 wurde auch eine Wäscheprinzessin gewählt.

weiterführende Literatur 20

1958: Kampf der Atomgefahr

Im Plakat spiegelt sich eine Phase der bundesrepublikanischen Geschichte wider, in der heftig und emotionsgeladen über die atomare Bewaffnung der Bundeswehr diskutiert wurde.

Anlass war eine Aussage von Bundeskanzler Adenauer, der die atomare Bewaffnung als Weiterentwicklung der Artillerie bezeichnet hatte, und die der Bundestag wenig später beschloss. Ausgehend von einem „Göttinger Manifest" renommierter Atomwissenschaftler gegen die Atombewaffnung bildete sich unter dem Slogan „Kampf dem Atomtod" eine bundesdeutsche Kampagne, insbesondere getragen von SPD, DGB, FDP, Kirchenleuten und Wissenschaftlern. Die Protestwelle ebbte ab, als der NATO-Rat bestimmte, dass ausschließlich die USA die Verfügungsgewalt über atomare Waffen auf deutschem Gebiet haben sollte.

Wir wissen nicht wie sich der frisch gewählte CDU-Bundestagsabgeordnete Dr. Martin an jenem Vortragsabend positionierte; sicherlich sprach er nicht – und dies zeigt schon der Titel seines Vortrags – im Namen der Kampagne „Kampf dem Atomtod". Aber der Psychiater Martin war auch Theologe und im Krieg Mitglied der Bekennenden Kirche gewesen. Auch kannte er Karl Barth, der sich ebenfalls kritisch zur Atombewaffnung geäußert hatte. Martins Vortrag wird nachdenklich gemacht haben.

1959: Das Godesberger Programm

So wie man von der Bonner Republik spricht, so spricht man auch vom Godesberger Programm der SPD, wobei sich der Begriff inhaltlich verselbstständigt hat. Man verwendet ihn nicht so sehr, um zu betonen, der Parteitag hätte 1959 in Bad Godesberg stattgefunden, sondern um auf die inhaltliche Neuausrichtung der Partei aufmerksam zu machen.

Vor dem Hintergrund enttäuschender Bundestagswahlen 1953 und 1957 diskutierte man innerhalb der Partei über die Neuausrichtung, die mit dem neuen Grundsatzprogramm auch mit überwältigender Mehrheit beschlossen wurde. Insbesondere ging man weg von den Lehren Karl Marx' und bekannte sich zur Sozialen Marktwirtschaft bzw. zur Bundeswehr im Rahmen der NATO. Der Weg zur modernen Volkspartei sollte beschritten werden.

Der Politikwechsel hatte Erfolg: In den nächsten vier Bundestagswahlen gewann die SPD jeweils drei bis vier Prozent der Stimmen hinzu und machte 1969 die Kanzlerschaft von Willy Brandt möglich.

1963: Erstauflage der „Ansichten eines Clowns" von Heinrich Böll

1963 erschien im Verlag Kiepenheuer & Witsch die „Ansichten eines Clowns" des späteren Literaturnobelpreisträgers Heinrich Böll. Das Buch steht für die Romane, in denen Bonn durchgängig Handlungsort ist. Davon gibt es nicht so viele; in der Nachkriegszeit war zudem eher das Bundesbonn, was interessierte, etwa in Wolfgang Koeppens *„Das Treibhaus"* oder im Spionageroman *„Eine kleine Stadt in Deutschland"*. Dabei kommt Bonn mitunter nicht gut weg, kritisiert wird die Provinzialität oder das Klima in meteorologischer und politischer Hinsicht. Böll sieht die Stadt allerdings differenzierter und kritisiert sogar Bonn-Kritiker: *„Es ist mir immer etwas unverständlich gewesen, warum jedermann, der für intelligent gehalten werden möchte, sich bemüht, diesen Pflichthass auf Bonn auszudrücken. Bonn hat immer gewisse Reize gehabt, schläfrige Reize, so wie es Frauen gibt, von denen ich mir vorstellen kann, dass ihre Schläfrigkeit Reize hat. Bonn verträgt natürlich keine Übertreibung, und man hat diese Stadt übertrieben"* (Ansichten eines Clowns).

weiterführende Literatur 30

1963/1965: Die Staatsbesuche Kennedys und der Queen

Das erste Foto zeigt, wie sich US-Präsident Kennedy neben Bundeskanzler Adenauer im offen Wagen den Bonnerinnen und Bonnern zeigt, während im zweiten Foto die Bevölkerung am Markt die Queen auf der Rathaustreppe erwartet. Sie stehen für die oft wiederkehrende Szenerie der Staatsbesuche in Bonn; viele jubelten den Gästen zu, andere blieben ob der Verkehrsprobleme lieber entnervt zu Hause.

Das Foto vom Besuch Kennedys am 23. Juni 1963 in Bonn ist ein Privatfoto und zeigt, wie nah man noch Staatsgästen sowie Spitzenpolitikern kommen konnte. Darüber hinaus war die Bevölkerung vom Besuch

des amerikanischen Präsidenten überaus angetan; dies zeigt sich vor allem nach Kennedys Ermordung in den Trauerkundgebungen. Zum Beispiel in der Studentenschaft: 8.000, über die Hälfte der Immatrikulierten, gedachten am 25. November in der Universität und auf dem Hofgarten mit Fackeln dem Ermordeten. Und: Die namenlose Rheinbrücke bekam nur wenige Tage danach ihren jetzigen Namen.

Auch Elisabeth II., die Queen, die im Mai 1965 die Bundeshauptstadt besuchte, wurde umjubelt. Und das Foto weckt Jugenderinnerungen. Um dem Staatsgast entsprechend freundlich zu empfangen, wurden in den Schulen klassenweise Papierstaatsfähnchen verteilt mit der Aufforderung, bei Erscheinen des Gastes zu winken – was viele denn auch taten.

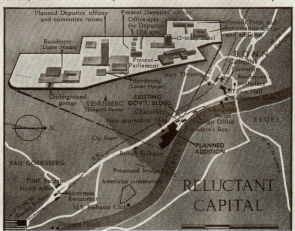 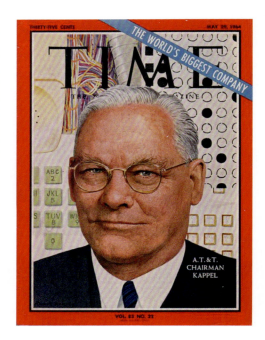

1964: „Time"-Magazine – Bonn als Bundesdorf

Ein Artikel des amerikanischen „Time" Magazins lässt Ende Mai 1964 aufhorchen. Ein Journalist beschäftigt sich mit dem *„Bundesdorf"* und trifft dabei die Vorstellungen und Eindrücke vieler Diplomaten und so mancher Einheimischen über die provisorische Bundeshauptstadt. Ein Auszug (vom Autor frei übersetzt):

„Früher berühmt als Geburtsort Ludwig van Beethovens, ist für Diplomaten Bonn heute die lästigste und ungemütlichste Hauptstadt neben *Usumbura [damals Hauptstadt von Ruanda, H.-P.B.].* Natürlich, der Rhein bietet einen schönen, entspannenden Anblick für die gestressten Regierungsmenschen, aber Bonn ist *Deutschlands regenreichste (161,8 Tage im Jahr) und am dichtesten bevölkerte Stadt; der Verkehr ist der stärkste, die Mieten die höchsten. ‚Die Innenstadt ist lediglich halb so groß wie der Zentralfriedhof von Chicago',* meint ein US-Diplomat. ,Und doppelt so tot.' …

Die 20.000 Autos, die von Ost nach West durch Bonn fahren, müssen eine Eisenbahnstrecke überqueren, die die Stadt in zwei Hälften teilt; die drei Bahnübergänge bleiben wegen der 360 Züge, die jeden Tag hier durchfahren, durchschnittlich 20 Minuten pro Stunde geschlossen. Der Hauptstadtverkehr wird auch durch Herden von 400 Schafen, die die Hauptstraßen überqueren, unterbrochen, genauso durch Heuwagen, die gelegentlich die Stadt besuchen. Mit der Zeit lernen die Fremden aus diesen wunderbaren Verspätungen. ‚C'est si Bonn (das ist eben in Bonn so)', sagen sie Schultern zuckend."

1967: Kondolenzlisten zum Tode von Benno Ohnesorg

Am 2. Juni 1967 wurde der 26-jährige Student Benno Ohnesorg bei einer Anti-Schah-Demonstration in West-Berlin von einem Polizisten erschossen. Aus Trauer und Wut organisierten Bonner Studentinnen und Studenten auf dem Münsterplatz eine Totenwache und legten Kondolenzlisten aus.

Teile der Bonner Studentenschaft waren in Sachen Schah-Besuch äußerst politisiert. Der Schah, der schon am 27. Mai die Bundeshauptstadt besucht hatte, stieß hier wegen seiner rigiden Politik gegenüber Oppositionellen auf wütenden Protest iranischer und deutscher Studenten. Mehrmals schritt die Polizei ein, auch am Sonntagvormittag, den 28. Mai, als der Schah im Hofgarten vor dem Mahnmal für die *„Opfer der Kriege und der Gewaltherrschaft"* einen Kranz niederlegte. Der Höhepunkt der Auseinandersetzungen erfolgte aber am Montagnachmittag, als Studenten dem Schah-Kranz einen eigenen Kranz mit der Aufschrift *„Den Opfern der Schah-Tyrannei"* beilegen wollten. Die Polizei schritt mit dem Argument ein, eine derartige Beleidigung eines Staatsgastes nicht hinnehmen zu können. Da die Anwesenden der Aufforderung der Polizei, den Ort zu verlassen, nicht nachkamen, kesselte sie sie ein und brachte etwa 60 Personen zur Polizeiwache, um die Personalien aufzunehmen. Die Handlungsweise der Polizei stieß auf breiten Protest, auch weil völlig Unbeteiligte mitgenommen wurden. Der ganze Frust über das Polizeigebaren äußerste sich am Donnerstag, dem 1. Juni, in einer Großdemonstration gegen den *„Polizeistaat"* auf dem Münsterplatz. Einen Tag später starb in Berlin der Student Ohnesorg durch eine Polizeikugel.

weiterführende Literatur 19

1967: Fußgängerzone – Bonn ändert sich

Im November 1967 wurde die Wenzelgasse für den Autoverkehr gesperrt; dies war der Anfang einer Entwicklung, die die ganze Innenstadt bis 1976 in eine zusammenhängende Fußgängerzone umwandelte. So wie hier im Foto sah es nunmehr in der ganzen Innenstadt aus.

Überhaupt war die Zeit zwischen Mitte der 1960er und 1970er Jahre ein Zeitraum, in der Bonn unter der Ägide des Oberstadtdirektors Hesse einen enormen Wandlungsprozess durchmachte, der hier nur angedeutet werden kann. Wer 1965 die Stadt besucht hat, hätte sie 1975 nicht wiedererkannt.

Die Autos verschwanden aus der Innenstadt, Parkraum wurde in Tiefgaragen bereitgestellt. Die Stadt verkaufte die Gronau an den Bund, woraufhin sich der Ausbau der Bundeshauptstadt deutlich beschleunigte, Bonn bekam z. B. sein erstes Hochhaus, den Langen Eugen. Als Ersatz für die Gronau baute man den Sportpark Nord, heruntergekommene Wohnquartiere verschwanden und wurden durch Neubauten ersetzt. Mit der Gebietsreform entstand 1969 die Großstadt Bonn, Planungen für die Bundesgartenschau bzw. den Rheinauenpark begannen, 1975 fuhr die erste U-Bahn, über den Rhein führte ab 1972 eine dritte Brücke, das Stadthaus dominierte bald die Skyline, der Bereich um den Hauptbahnhof bekam ein neues Aussehen, der City-Ring führte den Verkehr in einer Richtung rund um die Innenstadt. Und: Mit dem Bonner Sommer, einem äußerst beliebtes Gratis-Kulturprogramm mit Folkloregruppen, Feuerschluckern, Mitspieltheater, Konzerten und vielem mehr, machte Bonn über seine Grenzen hinaus bekannt. Zwar wurde auch noch so manches kritisch betrachtet, aber Bonn bekam ein neues Gesicht.

weiterführende Literatur 21

1968: "Entweder es regnet ..." – Eine Bonner Schranke

"Sie wissen, was man von Bonn sagt: Entweder es regnet, oder die Bahnschranken sind runter." Dieses Zitat aus John Le Carrés Bonn-Roman „Eine kleine Stadt in Deutschland" (1968, S. 66) trifft einen Nerv der Bonner Bevölkerung. Und hierfür steht die etwa drei Meter lange Schranke. Tatsächlich wird jede Bonnerin und jeder Bonner in seinem Leben stundenlang vor geschlossenen Schranken gestanden haben, auch wenn seit den 1930er Jahren Straßen- und später auch Fußgängerunterführungen die Lage etwas erleichtert haben.

Es ist diese Zweiteilung der Stadt, die die Politiker immer wieder auf die Idee brachten, die Bundesbahn tiefer zu legen. Zuletzt wohl Mitte der 1960er Jahre, als die Bundesregierung sich bereit erklärt hatte, sich an einer Tieferlegung der Bahn finanziell zu beteiligen. Der General-Anzeiger jubelte bereits über die neue Epoche in der Geschichte der Stadt, und Oberbürgermeister und Oberstadtdirektor stießen schon mit einem Glas Sekt darauf an. Es wurde nichts draus. Leider für die Wartenden, Gott sei Dank für diejenigen, die die finanziellen und sonstigen Auswirkungen einer Jahrzehnt-Baustelle nicht miterleben mussten.

weiterführende Literatur 21

1968: Der Hofgarten

Das Stück Rasen bringt nicht nur ein bisschen Natur in das Projekt, mit ihm soll ein Platz gewürdigt werden, der wie kaum ein anderer in Bonn im 20. Jahrhundert in vielseitigster Weise genutzt wurde und gelitten hat: Der Hofgarten.

Entstanden ist er als Teil einer kurfürstlichen Gartenanlage, was zur Folge hatte, dass die eigentliche Wiese ein wenig tiefer liegt als die Areale rundherum mit ihrem Baumbestand. Er wurde dann zum Eigentum der Universität, wobei ab 1895 die Stadt Bonn die Pflege übernahm. Die Anlage wurde von der Bevölkerung immer mehr als innerstädtischer Volksgarten angenommen.

Aber das war nicht alles: Die Größe der Anlage motivierte raumsuchende Menschenansammlungen, sie für ihre Zwecke zu nutzen. Da war zunächst das Militär: Der Hofgarten sah Aufmärsche und Ordensverleihungen kaiserlicher, britischer und französischer Truppen. Anfang 1919 gab es ein großes Sportfest, 1920 ein Reiterturnier. 1939 organisierte die Bonner NSDAP einen Generalappell mit riesigen Rednertribünen. Sowohl im Ersten als auch im Zweiten Weltkrieg wurde die Fläche landwirtschaftlich genutzt. Was der Hofgarten nach dem Krieg an weiteren Veranstaltungen zu sehen bekam, ist nicht aufzuzählen.

Eine weitere Funktion übte die Wiese ab 1968 aus, als sie anlässlich der Proteste gegen die Notstandsgesetze Ort des Massenprotests wurde, wobei die Friedensdemonstrationen Anfang der 1980er Jahre den Hofgarten weltweit bekannt machten (s. S. 127). Er wurde zumindest zeitweise zum „Plenarsaal des Volkes" (Oberbürgermeisterin Dieckmann). Dies brachte allerdings auch viel Unruhe in die Stadt, was die Universität dazu brachte, zurückhaltend mit der Erlaubnis der Benutzung zu werden.

weiterführende Literatur 18

1969: Ortseingangsschild Bad Godesberg, Landkreis Bonn

Das zu seiner Zeit beleuchtete Ortseingangsschild stand am Ende der Friedrich-Ebert-Allee in Höhe des ehemaligen Landesbehördenhauses. Mit dem 1. August 1969 musste das Schild ausgewechselt werden, denn Bad Godesberg wurde in der neuen Stadt Bonn zum Stadtbezirk Bad Godesberg.

Dem kommunalen Neuordnungsgesetz ging die Einsicht voraus, dass die schnell wachsenden Städte und Gemeinden in der Region gerade vor dem Hintergrund der immer fester sich entwickelnden Bundeshauptstadt planerisch gestaltet werden müssten. Dem standen diejenigen gegenüber, die unterschiedliche Vorbehalte gegen eine große Stadt Bonn hatten: Bad Godesberg, Beuel, Teile des Amtes Duisdorf sowie der Landkreis Bonn. Seit Mitte der 1960er Jahre wurden deshalb unter der Ägide von Vertretern der Stadt Bonn Hunderte von Gesprächen geführt, um die verschiedensten Möglichkeiten zu erörtern. Der Widerstand für die 1969 gewonnene und vom Landesparlament verabschiedete Lösung blieb bis zuletzt hartnäckig. Schließlich riefen die beteiligten Städte Bad Godesberg, Beuel, die Gemeinde Duisdorf und der Landkreis Bonn das Landesverfassungsgericht an, das die Pläne stoppte. Die Freude bei den Betroffenen darüber war groß, aber es dauerte nicht lange und die Entscheidung wurde zurückgenommen. Am 1. August hatte Nordrhein-Westfalen eine neue Großstadt mehr. Am 9. November fanden Kommunalwahlen statt, 1971 bekam die Stadt ein neues Wappen: Die untere Schildhälfte zeigt einen goldenen Löwen auf rotem Grund, darüber steht das kurkölnische Kreuz.

weiterführende Literatur 21

1970: Kleine Geschichte der linken Seite der Poststraße

Das Foto von der Poststraße stammt aus dem Jahre 1970. Es wurde früh morgens aufgenommen.

1949 existierten vom Bahnhof aus gesehen auf der linken Seite noch 15 Häuser, die Nummern: 1, 3, 5, 7, 9, 11, 13, 15, 19, 21, 23, 25, 27 und 29.

1963/ 1964: Die Häuser der Nummern 23 bis 29, unter anderem das Städtische Verkehrsamt, wurden abgerissen, das Hertie-Kaufhaus (heute Galeria – Karstadt/ Kaufhof) entstand.

1972-1976 wurden die Häuser der Nummern 13 bis 21 abgerissen, die Cassiusbastei entstand.

1980 stehen nur noch die Nummern 9 und 11, die Nummern 1 bis 7 wurden abgerissen, das „Bonner Loch" entstand.

1982 wehrte sich die Eigentümerin gegen den Abriss ihres Hauses Nummer 11. Das Cassius-Projekt sollte erweitert werden. Nach zweijährigen gerichtlichen Auseinandersetzungen wurde das Haus schließlich unter Denkmalschutz gestellt.

Einzig die Häuser Nummer 9 und 11 überstanden die Neugestaltung der linken Seite der Poststraße.

1973: Der „Rathaussturm"

Die etwa 2,80 x 1,45 m große Demonstrationsfahne mit der Aufschrift „Thieu Faschist ... Brandt Komplize" ist ein Relikt einer der wenigen gewalttätigen Demonstrationen, die Bonn während seiner Zeit als Bundeshauptstadt miterleben musste.

Der Hintergrund: Anfang des Jahres 1973 radikalisierte sich der Protest gegen den Vietnamkrieg. Noch zum Jahreswechsel 1972/1973 hatten die Amerikaner das Gebiet um Hanoi schwer bombardiert, es folgten Waffenstillstandsverhandlungen in Paris, die den Amerikanern einen Rückzug aus Südvietnam ohne „Gesichtsverlust" erlaubten.

Im April kündigte sich dann in Bonn der Besuch des südvietnamesischen Präsidenten Nguyén Van Thieu an. Während an diesem 10. April eine friedliche Demonstration mit etwa 3.000 Studenten auf dem Münsterplatz stattfand, rottete sich in der Rathausgasse eine Gruppe von Gewaltbereiten zusammen und stürmte mit ihrer roten Fahnen und maskiert das Rathaus, wo Parolen mit Farbe an Wände geschmiert wurden und alles demoliert wurde, was auffindbar war. Man verbarrikadierte sich. Die Situation eskalierte weiter, als die Polizei mit Wasserwerfern, Tränengas und Schlagstöcken anrückte. Die Studenten bewarfen die Polizisten mit Pflastersteinen. Mehrere Polizisten, aber auch einige Studenten, wurden zum Teil schwer verletzt.

In der so wechselvollen Geschichte des Protestes in Bonn nahm der „Rathaussturm" eine besondere Stellung ein. In Bonn kam es zu lang anhaltenden Diskussionen in der Öffentlichkeit über Verantwortlichkeiten, auch zu einer sich hinziehenden juristischen Aufarbeitung der Vorfälle.

weiterführende Literatur 18

1974: Das Goldene Buch der Stadt Bonn

Das Goldene Buch der Stadt Bonn hat nunmehr vier Bände; das vorliegende etwa 40 x 46 cm große und fünf Kilo schwere Exemplar beinhaltet die Unterschriften bzw. Statements Dutzender Persönlichkeiten aus Politik, Wissenschaft, Wirtschaft, Kunst und Sport aus den Jahren 1970 bis 1989. Am 23. September 1974 – so hatte der Rat beschlossen – durften sich die Fußballweltmeister von 1974 nebst dem Bundestrainer Helmut Schön in das Goldene Buch der Stadt eintragen.

Die Eintragungen ins Goldene Buch begannen 1926. Direkt nach dem Abzug der französischen Besatzungstruppen am 1. Februar widmete der damalige Oberbürgermeister Falk das Buch der neuen Zukunft der Stadt. Als erstes trug sich Reichspräsident von Hindenburg ein, der demonstrativ die befreite Stadt besuchte (s. S. 48).

Viele der Eintragungen während der nationalsozialistischen Zeit wurden durch einem Ratsbeschluss 1946 aus dem Buch herausgenommen.

Da Bonn lange Zeit Bundeshauptstadt war und später auch UN-Stadt wurde, entstand eine große Sammlung von Unterschriften; vor allem Staatsoberhäupter und Politiker sind deshalb hier zu finden.

Deutsche Fußballnationalmannschaft Weltmeister 1974

23. SEPTEMBER 1974

1950er bis 1990er Jahre

1975: Der U-Bahn Bau

Bau der U-Bahn im Hofgarten.

Zig Mal erlebt: „Und welche Farbe kommt jetzt?" Kindern macht es Spaß, auf ihrer Reise mit der U-Bahn vom Bonner Hauptbahnhof zur Heussallee die Farbe der nächsten U-Bahn-Station zu erraten: grün, blau, orange, braun und gelb. Die unterschiedlich großen Kacheln gehören zu den wenigen Ersatzkacheln, die noch vorhanden sind.

Was heute die Kinder erfreut, war damals bei der Planung und dem Bau der U-Bahn ein kühner Schritt von Architekten, knallig wirkende Farben zu verwenden

1967 setzte der erste Rammschlag an der Adenauerallee schon mal Fakten, denn der eigentliche U-Bahn-Tunnelbau begann erst 1971. Die Rammarbeiten auf der Adenauerallee erschütterten im wahrsten Sinne des Wortes viele Anwohner, die dann froh waren, als 1975 die ersten planmäßigen U-Bahn-Fahrten begannen. Im Übrigen war der Bau ein vorausschauender politischer Akt, um die Verkehrsprobleme zwischen Bonn und Bad Godesberg in den Griff zu bekommen. Seitdem sind die U-Bahn- Strecken erweitert worden, und heutzutage wird darüber diskutiert, ob die alten Bahnhöfe nicht unter Denkmalschutz gestellt werden sollten.

weiterführende Literatur 21

1977: Das „Ewigkeitsdenkmal"

1977 bekam Bonn ein weiteres Beethoven-Denkmal, welches man in der Rheinaue aufstellte. Hier seine Geschichte:

Unter dem Eindruck der Feierlichkeiten zum 100. Todestag Beethovens kam 1927 die Idee auf, *„dem unsterblichen Meister in der rheinischen Heimat durch ein Denkmal in bisher nicht erreichtem Ausmaße zu huldigen."* Indirekt kritisierte der sich hier äußernde Zeitgeschmack das Denkmal auf den Münsterplatz. Auch ein Entwurf lag vor: Professor Peter Breuer aus Berlin hatte den ruhenden Beethoven geschaffen. Im ursprünglichen Entwurf war Beethoven allerdings in einen monumentalen Denkmalkomplex einbezogen. Das als „Beethoven-Ewigkeits-Denkmal" bezeichnete Werk zeigte im Hintergrund eine dreiteilige 12 Meter hohe Stele, auf der im Mittelteil reliefartig figürliche Darstellungen aus der 9. Symphonie angebracht werden sollte. Der Komplex sollte am Venusberg aufgestellt werden.

Trotz massiver Kritik befürwortete eine Reihe von Beethovenfreunden die Aufstellung des Denkmals, und auch die Stadt Bonn signalisierte Wohlwollen, ohne finanzielle Zusagen zu machen. Das Projekt kam aber nicht richtig voran. Erst mit der Machtübernahme der Nationalsozialisten bewegte sich wieder etwas. Das monumentale Denkmal entsprach dem Kunstgeschmack der Zeit.

Den Durchbruch brachte eine Spende des „Führers", mit der eine abgespeckte, lediglich den ruhenden Beethoven zeigende Version realisiert werden konnte. Ob die Stadtverwaltung begeistert war, ist nicht mehr zu ergründen. Aber konnte man eine Spende des „Führers" abweisen? Man suchte nach einem Ort für das Denkmal und fand einen vorläufigen – wie Oberbürgermeister Rickert bei der Einweihung am 18. Dezember 1938 betonte – im Stadtpark neben dem Alten Zoll.

Das „Ewigkeitsdenkmal" blieb dort nur 11 Jahre lang, dann kamen Proteste auf, man solle das „Kind der Nazi-Zeit" – so der „General-Anzeiger" 1949 – entfernen. Das Denkmal war von den Bonnern nie so recht angenommen worden und hieß im Volksmund despektierlich „Beethoven in der Badewanne". Es verschwand auf den Bauhof, bis kluge Köpfe es wieder hervorholten und 1977 im Rheinauenpark aufstellten. Die Bundesgartenschau 1979 (s. S. 124) hatte eine Attraktion mehr, wenn auch die kritischen Stimmen nicht verstummten, die meinten, man könne ein solches Kunstobjekt mit seiner spezifischen Geschichte nicht unkommentiert in einen Freizeitpark aufstellen.

Objekt - Foto 90

1979: Die Blumenmädchen der Bundesgartenschau

Die große Fahne zeigt das Emblem der Bundesgartenschau im damaligen Bonn-Logo. Sie strahlt den farbigen Charme der 1970er Jahre aus. Die beiden Mädchen stehen für das städteplanerische Meisterstück der Bundesgartenschau bzw. des sich hieraus entwickelnden Rheinauenparks inmitten der 1969 neu geschaffenen Stadt Bonn-Beuel-Bad Godesberg.

Dabei mussten zahlreiche Widerstände überwunden werden, und es waren vorausschauende Politiker am Werk. Ein großes Problem war der Ankauf von Parzellen in der Auenlandschaft zwischen der Gronau und Plittersdorf. Nachdem die Idee einer Schau geboren war, ging man zielgerichtet daran und schaffte die Hauptvoraussetzung für das Projekt, ein großes zusammenhängendes Areal zusammenzusammeln. Weitere, nicht nur finanzielle Probleme mussten gelöst werden, aber am 27. April 1979 war es so weit: Bundespräsident Scheel eröffnete die Gartenschau, von der sich später herausstellen sollte, dass sie die größte aller bisherigen sein würde: Auf 100 ha konnten sich die 7,6 Millionen Besucher gartentechnische Highlights ansehen und unzählige Begleitveranstaltungen besuchen, Kinder freuten sich über zahlreiche Attraktionen. Unter anderem bewunderten die Besucher den japanischen Garten, ein Geschenk der Regierung in Tokyo: Vom kleinsten Kieselstein bis zur 100 Jahre alten steinernen Tempelsäule war alles von Japan nach Bonn transportiert worden.

Und Bonn bekam mitten in der Stadt einen großen Freizeitpark, mit einem kleinen Schönheitsfehler: Ihn durchquert eine vielbefahrene Autobahn.

weiterführende Literatur 21

1979: „ ... sozial, ökologisch, basisdemokratisch, gewaltfrei ..."

Ein verträumtes Häuschen an der Friedrich-Ebert-Allee zwischen Walter-Flex-Straße und Ollenhauerstraße: 1978 hatte der gerade aus der CDU ausgetretene Bundestagsabgeordnete Herbert Gruhl das Haus für seine neue Partei „Grüne Aktion Zukunft" angemietet. Im Europawahlkampf 1979 tat er sich mit Petra Kelly zusammen, die vorhandenen vier Räumlichkeiten und das Kellergeschoß wurden gleichberechtigt geteilt. Am 13. Januar 1980 wurde dann in Karlsruhe unter dem in der Überschrift genannten Motto die Partei „Die Grünen" gegründet. Herbert Gruhl zog sich bald aus der sehr heterogenen, meist links ausgerichteten Partei zurück. Bis 1982 residierte im Haus die Bundesgeschäftsstelle der Grünen, die dann in die Colmantstraße zog.

Der bescheidene, innerparteilich stürmische Anfang der Grünen war ein weiterer Ausdruck eines neuen Denkens. Ausgehend vom Bericht an den Club of Rome (1972), der unter dem Titel *Die Grenzen des Wachstums* das sozioökonomische Handeln der Menschheit kritisch thematisierte, war die Gründung einer Partei, die die Umwelt besonders in den Fokus rückte, nur folgerichtig. Aber es gab auch weitere Initiativen, wie etwa der Abschlussbericht der Nord-Süd-Kommission 1980.

Das kleine Haus an der Friedrich-Ebert-Allee steht somit am Anfang der parteipolitischen Auseinandersetzungen in der Bundesrepublik mit Blick auf die Umweltproblematik und ergänzte die Parteizentralenlandschaft des damaligen Regierungsviertels in der Gronau mit Konrad-Adenauer-, Erich-Ollenhauer- und Thomas Dehler-Haus.

1981: Die Friedensdemonstrationen

Bonn sah zwischen 1981 und 1983 vier große Demonstrationen zur Frage der Abrüstung. Hunderttausende kamen zusammen und machten Bonn als Ort des friedlichen Protestes weltweit bekannt. Das Foto zeigt den mit Demonstranten übervollen Hofgarten am 10. Oktober 1981.

Man muss sich ein wenig zurückversetzen und in Erinnerung rufen, dass Anfang der 1980er Jahre die Beziehungen zwischen den USA bzw. der NATO und der Sowjetunion auf einem Tiefpunkt angelangt waren. Die Stichworte wie „Einmarsch der Sowjetunion in Afghanistan", „Iranische Revolution", „Polen-Krise" und „Olympia-Boykott" geben Hinweise auf eine instabile Lage, die zu eskalieren drohte. Hinzu trat, dass seit 1977 die Sowjetunion im Geheimen mit SS-20 Raketen aufrüstete und damit vor allem für Europa zu einer Bedrohung wurde. Hierauf hatte insbesondere der deutsche Bundeskanzler Schmidt hingewiesen: Eine Eskalation eines atomaren Schlagabtausches hätte vor allem Deutschland getroffen.

Die westlichen Atommächte, zu denen betont die Bundesrepublik hinzugezogen wurde, trafen gegen die sowjetische Bedrohung – wie groß sie auch immer gewesen sein mag – Maßnahmen, die neu waren: Keine sofortige Gegenrüstung, hieß die Strategie, sondern Zeitgewinn, um in Verhandlungen die sowjetische Abrüstung zu erreichen. Am 12. Dezember 1979 wurde der sogenannte NATO-Doppelbeschluss gefasst, der besagte, dass wenn nicht binnen vier Jahren die Verhandlungen erfolgreich abgeschlossen seien, würden die USA 108 „Pershing I" und 464 Marschflugkörper des Typs „Cruise Missile" in Europa, aber vor allem in der Bundesrepublik stationieren, um den Rüstungsvorsprung der Sowjetunion auszugleichen.

Bei der ersten großen Friedensdemonstration am 10. Oktober 1981 kamen etwa 250.000 Menschen zusammen, um gegen eine mögliche Stationierung von Atomwaffen zu protestieren. Sie gab die Blaupause für die folgenden, ähnlich großen Demonstrationen am 10. Juni 1982 und am 22. Oktober 1983. Am 22. November 1983 beschloss der Bundestag die Stationierung.

weiterführende Literatur 18

BONN Rheinuferbahnhof

1985: Bahnsteigschild des Rheinuferbahnhofs

Das etwa 2,50 m x 0,60 m große Schild hing bis kurz vor dem Abriss des Rheinuferbahnhofs auf dem Bahnsteig. Es erinnert an die über 80-jährige Sonderverbindung von Zügen nach Köln.

Es waren die 1897/ 1898 eröffnete Vorgebirgsbahn und die 1906 eröffnete Rheinuferbahn, die den steigenden Pendler-, Personen- und Warenverkehr für die Region zwischen Bonn und Köln organsierten. Während die Vorgebirgsbahn über Brühl fuhr, führte die Rheinuferbahn über Wesseling nach Köln. Das Rheinuferbahnhofsgebäude, das 1935 neu erbaut worden war, wurde nach der Stilllegung des Bahnverkehrs 1985 abgerissen. Die Stadtbahnen 18 und 16 übernahmen den Verkehr.

weiterführende Literatur 32

Der Rheinuferbahnhof in den 1960er Jahren.

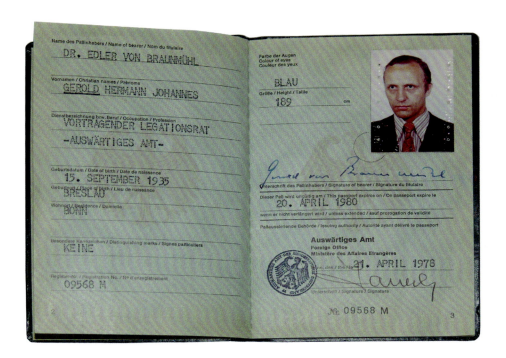

1986: Ministerialpass Gero von Braunmühls

Der aufgeschlagene etwa DIN A 5 große Ministerialpass gehörte dem 1935 in Breslau geborenen Gero von Braunmühl. Am 10. Oktober 1986 gegen 21 Uhr, als er von der Arbeit nach Hause kam, wurde er vor seiner Wohnung in Ippendorf von Terroristen zunächst angeschossen, dann gezielt mit einem Kopfschuss getötet. Niemand wurde für diese Tat zur Rechenschaft gezogen.

In der Literatur wird dieser Mord – wie auch andere Attentate – der sogenannten „dritten Generation der RAF" zugeschrieben, die sich nach den Ereignissen vom Herbst 1977 formiert hatte. Mit v. Braunmühl wurde zum ersten Mal eine Person aus dem Bereich Staat/ Politik getötet. Möglicherweise wurde er deshalb ausgewählt, weil er ein enger Berater von Außenminister Genscher war, dessen Europapolitik man treffen wollte. Man selbst arbeitete denn auch zunehmend mit Terroristen aus anderen europäischen Ländern zusammen. Zudem hatte v. Braunmühl keinen Leibwächter, was die Tat wohl einfacher machte.

Die Mordserie der „Dritten Generation" in den 1980er und Anfang 1990er Jahre war nichts weiter als ein aktionistisches Aufbäumen des Terrorismus vor seinem Untergang. 1998 löste sich die RAF selbst auf.

1989: Bonn ist 2000

Auf der etwa 4 m x 1,40 m große Fahne schaut uns Leo, das Maskottchen der Bonner 2000-Jahr-Feier in einer römischen Uniform entgegen. Auch der beliebte Bonner Kussmund, mit dem die Stadt Bonn seit 1972 ihr Image aufpolieren wollte, ist abgebildet. Die Fahne hing 1989 zeitweise an einem Fahnenmast vor dem Rathaus.

Im Vorfeld der 2000-Jahr-Feier legte die Stadt Bonn das Jahr 11 v. Chr. als Stadt-Gründungsjahr fest und berief sich dabei auf den römischen Schriftsteller Florus, der über 100 Jahre später in seinen Aufzeichnungen über den Drusus-Feldzug (12 - 9. v. Chr.) schrieb und *„bonna"* als Standort einer römischen Einheit nannte. Da Florus über eine Zeitphase schrieb, kam man auf die geniale Idee, das Mitteljahr zu nehmen, eben das Jahr 11 v. Chr. als Gründungsjahr. In der Frage, um was es sich bei „bonna" denn gehandelt hat, ist man sich in der Altertumsforschung allerdings unsicher: um ein befestigtes Lager oder um einen nur sporadisch belegten Platz. Sicher ist nur, dass auch schon lange vor 11 v. Chr. der heutige Bonner Raum besiedelt war.

Das letzte Jahrzehnt

1991: Der Bonner Berliner

1996: Bonns größte Demo

1998: Das Mahnmal für die Opfer des Nationalsozialismus

1999: Aufkleber „Umzug ist Unfug"

1991: Der Bonner Berliner

Im Gegensatz zum „Berliner" ist der „Bonner" glasiert und mit Eierlikör gefüllt. Er ist ein Kind der Zeit, denn wohl kaum öfters als Anfang der 1990er Jahre sprach man über die beiden Städte als Konkurrenten. Erfunden hat den „Bonner" die Fa. Verpoorten in Zusammenarbeit mit der Bäckerei Stadtbrotbäcker.

1991 kam es zu heftigen, manchmal emotionsgeladenen Diskussionen, in welcher Stadt nunmehr Regierung und Parlament ihren Sitz haben sollten. Die Entscheidung fiel am Abend des 20. Juni 1991. Tausende von Bonnerinnen und Bonner hatten sich auf dem Marktplatz versammelt, um auf Riesenleinwänden der Bundestagsdebatte über die Frage zu folgen. Die Stimmung war gelöst, man war optimistisch. Dann gab um 21.49 Uhr die Bundestagspräsidentin Süssmuth das Abstimmungsergebnis bekannt: 338 Stimmen für Berlin, 320 für Bonn. Bei den Anwesenden machte sich Rat- und Fassungslosigkeit gepaart mit Trauer und Wut breit. Vereinzelt kam es zu Protesten.

Wenig später nahm man in Bonn die Niederlage an. Richtungsweisend wurde dabei ein Papier des Oberstadtdirektors Dieter Diekmann. „Perspektiven für Bonn" nannte er es. Bonn sollte auf fünf Säulen basieren: „Bundesstadt", „Zentrum für internationale Zusammenarbeit", „Wissenschafts- und Forschungszentrum", „Region mit zukunftsorientierter Wirtschaftsstruktur" sowie „umweltgerechte Städtelandschaft und Kulturregion".

1996: Bonns größte Demo

Nach der Demonstration am 15. Juni 1996 sah man sie bündelweise überall im Stadtgebiet, insbesondere rund um den Hofgarten: die 0,60 x 1,50 m großen, zusammengetackerten Demonstrationsschilder mit den wichtigsten Forderungen des Tages. Die Bonner Stadtreinigung hatte viel zu tun, denn Bonn hatte seine größte Demonstration gesehen.

5.400 Busse, 82 Sonderzüge, eine unbekannte Anzahl von Privat-Pkw, 600 Motorräder und drei Schiffe brachten an diesem Tag etwa 350.000 Menschen nach Bonn, die für Arbeit und soziale Gerechtigkeit und gegen die Sparpläne der Bundesregierung demonstrierten. 630 Toilettenhäuschen wurden aufgestellt, die Verkehrsbetriebe konnten kostenlos genutzt werden. In fünf Marschsäulen ging es in die Innenstadt, wo ab etwa 14 Uhr auf dem Hofgarten zwei Stunden lang Redner den Protest formulierten. 70 Taschendiebstähle und 400 gewaltbereite Autonome konnten das Bild an diesem Tage nicht trüben: Aus der Presse: „Am Mittag dann ist es im Bonner Zentrum wie zur Zeit der Ölkrise. Die Straßen gehören den Fußgängern. Überall Musik. Essensdüfte. Luftballons. Bei herrlichem Sonnenschein ... kommt Volksfeststimmung auf. Auch die 3.000 eingesetzten Polizistinnen und Polizisten lassen sich anstecken. Einige wippen mit dem Rhythmus der Musik." Bonn sah wieder einmal eine friedliche Massendemonstration, eine der ersten von noch weiteren gegen die Sparbeschlüsse, die auch die Regierung beeindruckte, wenn sie sich auch – wie sie betonte – dem „Druck der Straße" nicht beugen werde. Nur der Einzelhandel war „stinksauer": „Die Veranstalter und die Stadt Bonn haben maßlos übertrieben, als sie den Bürgern geraten haben, am Samstag einen Bogen um Bonn zu machen. Bis kurz vor 11 Uhr war die Innenstadt wie ausgestorben, da hätten die Bonner doch einkaufen können."

weiterführende Literatur 18

1998: Das Mahnmal für die Opfer des Nationalsozialismus

Das Foto zeigt das Mahnmal an der unteren Seite des Kaiserplatzes. Hier stand es nicht immer:

Am 24. September 1950 wurde im Hofgarten in der Nähe der Universität das Mahnmal eingeweiht. Es waren lange Diskussionen vorausgegangen, aber man einigte sich schließlich. Die Erinnerung an das Leid vieler Menschen sowie die wenigen Prozesse gegen die lokalen Täter, die damals stattfanden, forderten quasi das Gedenken. Die damals genannte Zahl der Opfer mit 600 ist allerdings aus heutiger Sicht überholt. Die lokale Forschung ist in den folgenden Jahrzehnten auf eine wesentlich höhere Opferzahl gestoßen, und bestimmte Opfergruppen wurden damals nicht als solche anerkannt.

Als die Pläne für den U-Bahn-Bau sich verdichteten und man für ihre Route den Hofgarten an der Universität ausschachtete, musste der Stein versetzt werden. Man stellte ihn am Rand des Stadtgartens auf. Am 20. Juli 1969 fand dort eine offizielle Kranzniederlegung statt. Der Stein geriet an dieser Stelle im Laufe der Zeit ein wenig in Vergessenheit.

Mitte der 1990er Jahre kam der Stein wieder in den Fokus. Kritik am Text des Steines wurde laut, aber auch der abseitige Standort wurde beanstandet. Initiativen wurden gegründet, die dann den Erfolg hatten, dass der Stein 1997 an den heutigen Standort versetzt wurde. Zusätzlich versah man den Stein auf der Rückseite mit folgendem Text: *„Zu den Tausenden ermordeten und überlebenden Opfern der nationalsozialistischen Gewaltherrschaft im heutigen Bonn zählen sowohl deutsche als auch ausländische Frauen, Männer und Kinder. Opfer waren alle, die aus weltanschaulichen, politischen, religiösen, ethnisch-rassistischen, sozialen und medizinischen Gründen sowie lesbischer und homosexueller Orientierung verfolgt wurden. Bonn 1997."* Politisch korrekter kann man es nicht formulieren.

weiterführende Literatur 29

138 *Das letzte Jahrzehnt*

1999: Aufkleber „Umzug ist Unfug"

Der Schriftzug dieses Aufklebers spiegelt wohl kurz und bündig die Stimmungslage vieler Bonnerinnen und Bonner im Jahre 1999 wider. Nichtsdestotrotz wurde der Umzug vollzogen. Bonn sah am 1. Juli die letzte Sitzung im Bonner Bundestag. Dann kamen die Umzugslaster und verwandelten insbesondere das Regierungsviertel in ein Verpackungszentrum. Umzugsfirmen hatten einen Umzugskarton mit der Aufschrift Bonn/ Berlin hergestellt. Bonn wandelte sich durch den Umzug einiger Ministerien, vieler Botschaften, der Regierung, des Bundestags und ein Jahr später des Bundesrats und den Zuzug größerer Firmen. Sichtbares Zeichen war der Abriss des Konrad-Adenauer-Hauses (CDU-Zentrale) und der Botschaft des Vereinigten Königreichs 2003 bzw. der Bau von Telekom-City an der Friedrich-Ebert-Allee.

Zwar fand schon am 19. April die erste Bundestagssitzung im umgebauten Berliner Reichstagsgebäude statt, der regelmäßige Sitzungsbetrieb begann in Berlin aber nach der Sommerpause am 8. September 1999.

Literaturhinweise

Allgemein

Geschichte der Stadt Bonn, Bd. 4: Bonn. Von der französischen Bezirksstadt zur Bundeshauptstadt (1794-1989), hrsg. v. Dietrich Höroldt, Bonn 1989.

Im Besonderen

1 Hans Weingartz, **Skulpturen in Bonn.** Kunstwerke im öffentlichen Raum 1950 bis heute, Königswinter 2007.

2 Norbert Schloßmacher, **Die Bonner Mobilmachung** – Aufzeichnungen von Adele Röhl (1891-1984), in Veröffentlichungen des Stadtarchivs Bonn, Bd. 72, Bonn 2016, S. 49-76.

3 Horst-Pierre Bothien, **Vom Rhein an die Somme und an den Bug.** Auf den Spuren Bonner Soldaten im Ersten Weltkrieg (1914-1918), Essen 2014.

4 Dietrich Höroldt, **Das Tagebuch der Anna Kohns aus Poppelsdorf aus der Zeit des Ersten Weltkriegs,** in: Bonner Geschichtsblätter 34 (1982), S. 313-348.

5 Richard Hedrich-Winter, **„Wir wollen nie vergessen, was in diesen Tagen geschehen ist."** Bonn im Luftkrieg 1914-1918, in: Veröffentlichungen des Stadtarchivs Bonn, Bd. 72, Bonn 2016, S. 439-478.

6 Horst-Pierre Bothien, **Bonn sur le Rhin.** Die Besatzungszeit 1918-1926, München 2018.

7 Horst-Pierre Bothien, **Das braune Bonn.** Personen und Ereignisse (1925-1939), Essen 2005.

8 **Adolf Hitler am „Deutschen Rhein".** NS-Prominenz aus der Sicht eines Hobbyfotografen, hrsg. von Horst-Pierre Bothien, Essen 2003.

9 Walter Markov, **Wie viele Leben lebt ein Mensch.** Eine Autobiographie aus dem Nachlass, Zwenkau 2009.

10 Horst-Pierre Bothien, **6. O. Js. 458/ 35.** Der große Prozess gegen eine Widerstandsgruppe von Kommunisten und Sozialisten 1936 in Bonn, Bonn 2017.

11 Hans Hauptstock, Heiner Stahl, **„Wo höre ich den Führer?"** Rundfunksäulen in Bad Godesberg, in: Godesberger Heimatblätter 57 (2020), S. 94-110.

12 Horst-Pierre Bothien, **Die Jovy-Gruppe.** Eine historisch-soziologische Lokalstudie über nonkonforme Jugendliche im „Dritten Reich", Münster 1994.

13 Horst-Pierre Bothien, **Kreuzbergweg 5.** Zur Bonner Gestapo, in: Veröffentlichungen des Stadtarchivs Bonn, Bd. 66 (2006), S. 291-319.

14 Horst-Pierre Bothien, **„… gegen jede Störung der inneren Front."** Bonnerinnen und Bonner vor dem Sondergericht Köln, Essen 2012.

15 **„… auch Endenich ist noch vielleicht das Ende nicht!"** Deportiert aus Endenich Juni/Juli 1942: Transport der Bonner Juden in die Vernichtungslager. Eine Dokumentation zur Ausstellung, Bonn 1992.

16 Horst-Pierre Bothien, Erhard Stang, **18. Oktober 1944.** Bonn im Bombenhagel, Gudensberg 2004.

17 **„Schlagen gut ein und leisten Befriedigendes."** Zwangsarbeiterinnen und Zwangsarbeiter in Bonn 1940-1945 (Veröffentlichungen des Stadtarchivs Bd. 65 [2006]).

18 Horst-Pierre Bothien, **Auf zur Demo!** Straßenprotest in der ehemaligen Bundeshauptstadt 1949-1999. Eine Dokumentation, Essen 2009.

19 Horst-Pierre Bothien, **Protest und Provokation.** Bonner Studenten 1967/ 1968, Essen 2007.

20 Alois Döring, **Rheinische Bräuche durch das Jahr**, 2. Aufl. Köln 2007.

21 Wolfgang Hesse, **Stationen**. Steiniger Weg zum Bonner Sommer, Bonn 1987.

22 Helmut Vogt, **„Der Herr Minister wohnt in einem Dienstwagen auf Gleis 4."** Die Anfänge des Bundes in Bonn 1949/ 50, Bonn 1999.

23 **„Abgeschoben nach Polen am 28.10.1938.** Jüdische Familien in Bonn. Gesehen mit der Kamera von Abraham Sieff. Eine Dokumentation zur Ausstellung, Bonn 1991.

24 Horst-Pierre Bothien, **Lasst Bäume sprechen.** Mit Bäumen durch die Bonner Geschichte, Essen 2011.

25 **50 Jahre Beethovenhalle Bonn.** Geschichte und Bedeutung, hrsg. v. Yvonne Leiverkus, Bonn 2010.

26 Eduard Spoelgen, **Aus Bonns jüngster Vergangenheit.** Erinnerungen, in: Bonner Geschichtsblätter Bd. 15 (1961), S. 417-469.

27 Eduard Spoelgen, **Aus Bonns jüngster Vergangenheit.** Erinnerungen an die Jahre 1923, 1924 und 1925, in: Bonner Geschichtsblätter Bd. 18 (1964), S. 117-157.

28 Helmut Vogt, **Gutes Geld für den Wiederaufbau.** Die Währungsreform von 1948 in der späteren Bundeshauptstadt, in: Bonner Geschichtsblätter Bd. 45/ 46 (1998), S. 7-62.

29 Manfred van Rey, **50 Jahre Mahnmal für die Bonner „Opfer des Faschismus"**, in: Bonner Geschichtsblätter Bd. 45/ 46 (1998), S. 279-308.

30 Doris und Arnold E. Maurer, **Bonn erzählt.** Streifzüge durch das literarische Bonn von 1780-1980, Bonn 1983.

31 Rainer Hutterer, Bettina Oesl, **Das Museum Koenig im Spannungsfeld der Politik,** Bonn 1998.

32 Claudia Kroth, **Die Köln-Bonner Eisenbahnen.** 100 Jahre Rheinuferbahn 1906-2006, Köln 2006.

33 Helmut Vogt, **HICOG zieht an den Rhein.** Die Verlegung des US-Hauptquartiers nach Bad Godesberg im November 1951, in: Godesberger Heimatblätter 39 (2001), S. 172-189.

34 **Der Erste Weltkrieg in Bonn**. Die Heimatfront, hrsg. v. Dominik Geppert und Norbert Schloßmacher (Veröffentlichungen des Stadtarchivs Bonn, Bd. 72) Bonn 2016.

35 Horst Schuh, Hans Peter Killeit, **Krieg als Reiseerlebnis.** Der Bildbericht des Luftwaffensoldaten Peter Kemkens, Nettetal 2020.

36 Erwin Neuenschwander, **Felix Hausdorffs letzte Lebensjahre nach Dokumenten aus dem Bessel-Hagen-Nachlass,** in: Felix Hausdorff zum Gedächtnis, Bd. 1, Aspekte seines Werkes, hrsg. v. Egbert Brieskorn, Braunschweig u.a. 1996, S.253-268.

37 Dittmar Dahlmann, **Wenig erfolgreich, aber doch stets bemüht.** Der Bonner Fußballsport von der Zeit des Ersten Weltkrieges bis in die Gegenwart, in: Bonn in Bewegung. Eine Sportgeschichte, hrsg. v. Dittmar Dahlmann, Norbert Schloßmacher und Joachim Scholtyseck, Essen, 2011, S. 361-385.

38 Karl-Heinz Nauroth, **Straßenbahnen in Bonn,** Nordhorn 1989.

39 Michael Losse, **„Porta Rhenana." Die Bonner Rheinbrücke (1896/ 98),** Lage 2000.

40 Thomas Becker, Philip Rosin, **Die Bonner Universitätsjubiläen.** Akademische Festkultur und politische Zeitumstände, in: Rheinische Vierteljahrsblätter, Bd. 82, Bonn 2018, S. 160-185.

Objektherkunft und Abbildungsverzeichnis

Objekte

Archiv der Universität Bonn: Promotions-Album (S. 38).

Botanische Gärten der Universität Bonn: Baumscheibe (S. 18).

Braunmühl, Familie von: Pass (S. 129).

Deutsche Bahn, Bonn: Schranke (S. 113).

Frauenmuseum Bonn (K. Delander): Altes Telefon (S. 89).

Friedrich-Ebert-Stiftung: Grundgesetz (S. 91 r.), Grundsatzprogramm (S. 106).

Garnisonsmuseum Mainz: GI (S. 86).

Heimat- und Geschichtsverein Beuel: Trajekt-Bild (S. 20), Fußballschuhe (S. 62), Hoheitszeichen (S. 88), Weiberfastnachtprivileg (S. 104).

Historischer Verein der Stadtwerke Bonn: Uniform (S. 98).

Landesarchiv Münster: Flugschrift (S. 57).

Museum Koenig: Lampe (S. 91 l.).

Poppelsdorfer Heimatmuseum: Schlossmodell (S. 47).

U. Schmidt: Nachlassbeutel (S. 28).

Stadtarchiv Bonn: Tagebuch Kohns (S. 32), Inflationsgeld (S. 45), Bastelei (S. 52), Flugblätter (S. 68), Hausbuch (S. 72), Urne (S. 92), General-Anzeiger (S. 93), Goldene Buch (S. 118).

Stadtbrotbäcker (B. Rott): Bonner Berliner (S. 134).

Stadtmuseum Bonn: Löwen (S. 8), Bombensplitter (S. 29), Tagebuch Grouven (M. Berschel, S. 30), Trikolore (S. 40), Ausweiskarten (S. 42), Separatisten-Fahne (S. 46), Haftbefehl (S. 58), Fotoalben (K. Kemkens, S. 67), Vorladung Gericht (S. 70), Böll (S. 107), Time (S. 110), Kondolenzbuch (H. Heer, S. 111), Ortseingangsschild (S. 115), Transparent (S. 117), Fahne Bundesgartenschau (S. 124), Schild Rheinuferbahn (S. 128), Fahne 2000-Jahre (S. 130), Demo-Schilder (S. 135), Umzugs-Aufkleber (S. 138).

Stadtwerke Bonn: Kacheln (S. 120).

Städtisches Gebäudemanagement: Bodenplatte (S. 103).

H. u. N. Thibault: Bunkertür (S. 74).

Universitäts- und Landesbibliothek, Handschriftenabteilung: Hausdorff-Brief (S. 75).

Universität Bonn: Hofgarten (S. 114).

Fotos der Objekte:

Horst-Pierre Bothien: S. 32, 42, 57, 58, 70, 114, 131.

Harald Ott: S. 8, 18, 20, 28-30, 38, 40, 45, 46, 47, 62, 67, 68, 72, 74, 86, 88, 89, 91, 92, 93, 98, 103, 104, 106, 107, 110, 111, 113, 115, 117, 118, 119, 120, 124, 128, 129, 130, 134, 135, 138.

Stadtarchiv Bonn: S. 52.

Universität Bonn: S. 75.

Andere Fotos

Archiv Grünes Gedächtnis der Heinrich-Böll-Stiftung: S. 125 (privat L. Beckmann).

S. Deloyer: S. 27.

Gedenkstätte Bonn: S. 76.

H.-W. Greuel: S. 87.

K. Gutzmer: S. 64.

H. Höfs: S. 53.

Imperial War Museum London: S. 39.

Harald Ott: S. 102.

Poppelsdorfer Heimatmuseum: S. 11.

Stadtarchiv Bonn (privat): S. 4, 9, 12, 13, 14, 15, 16, 21, 24, 25, 36, 49, 55, 61, 65, 66, 74 u., 77, 78, 80, 84, 85, 90, 99, 100, 105, 109, 112, 113, 121, 122, 126, 136.

Stadtmuseum (privat): S. 10, 26 (R. Vollmar), 33, 43 (K. Kemp), 44, 48, 54 l., 54 r. (P. Dach), 56 (L. Krüger), 60, 63, 69, 96, 101 (S. Trümpener), 108 (G. Guercke).

V. Stern: S. 128.

U. Wienke: S. 116.

Erhältlich im Buchhandel

Nach dem Ersten Weltkrieg war Bonn über sieben Jahre lang zunächst von britischen, dann ab 1920 von französischen Truppen besetzt. Dies war im Versailler Vertrag so geregelt. Hauptproblem war zunächst die Unterbringung von bis zu 10.000 Soldaten. Der Alltag der Zivilbevölkerung war eingeschränkt, Verordnungen regelten das Leben, Verstöße wurden sanktioniert. Und: In der aufgeheizten Stimmung nach dem Krieg, in der die Alliierten die Sieger, die Deutschen die Verlierer waren, prallten unterschiedliche Welten aufeinander. Das Verhältnis zwischen Alliierten und der Zivilbevölkerung blieb spannungsreich ...

Horst-Pierre Bothien

Bonn
sur-le-Rhin
Die Besatzungszeit 1918-1926

Eine Dokumentation in der Schriftenreihe des **Stadtmuseum Bonn** mit etwa 160 bislang unveröffentlichten Abbildungen.

Hardcover, 23 cm x 21 cm, 160 Seiten, morisel Verlag
ISBN: 978-3-943915-34-1 • 22 Euro